염세 철학자의 유쾌한 삶
- 쇼펜하우어에게 배우는 삶의 여유

Mit Schopenhauer gelassen durchs Leben edited by Hans-Joachim Naubauer
ⓒ Verlag Herder Freiburg im Breisgau 2006
All rights reserved.

Korean translation copyright ⓒ 2012 by DongHwa Publishing Co.
Korean edition is published by arrangement with Verlag Herder GmbH through Eurobuk Agency

이 책의 한국어 저작권은 유로북 에이전시를 통한 Verlag HerderGmbH와의 독점계약으로 동화출판사가 소유합니다.
저작권법에 의해 한국 내에서 보호받는 저작물이므로 무단전재와 무단복제를 금합니다.

염세 철학자의 유쾌한 삶

쇼펜하우어에게 배우는 삶의 여유

한스 – 요아힘 노이바우어 엮음
박규호 옮김

염세 철학자의 유쾌한 삶

1판 1쇄 인쇄 2012년 3월 14일
1판 1쇄 발행 2012년 3월 20일

지은이 한스 - 요아힘 노이바우어
옮긴이 박규호
펴낸이 임인규
펴낸곳 문학의문학 | 동화출판사

주소 (413-756)경기도 파주시 교하읍 문발동 509-3 파주출판도시
전화 (031)955-4961 / 팩스 (031)955-4960
등록번호 제3-30호(1968. 1. 15)

홈페이지 www.dhmunhak.com

ISBN 978-89-431-0393-4 (03100)

이 책의 판권은 동화출판사에 있습니다.
값은 뒷면에 표기되어 있습니다.
잘못된 책은 구입하신 서점에서 교환해 드립니다.

차례

서문 6

프롤로그 14

자연의 위대한 질서
    인간의 동물적 본성 18 · 몸의 목적 24 · 적합성 28
    의지의 신비 35 · 인간이라는 기적 41

나냐 남이냐
    우리는 정확히 자기 자신 만큼만 이룰 수 있다 49
    규칙 60 · 사교생활 68 · 고슴도치 74

사랑하고, 낳고, 결혼하기
    만물의 핵 81 · 여자라는 현상 88 · 요조숙녀 92
    일부다처 찬양 94

단계
    어린 시절에 바치는 시 100 · 늙는다는 것 104
    그 이후에 오는 것 110

지금 여기
    시간에 대한 고찰 120

세계의 눈이 된 철학자
    읽기와 쓰기 33 · 홀로 있기 138 · 목발 종교 146
    진리와 교류하는 법 149

좋은 삶
    고통 160 · 행복 166 · 음악 173 · 동정심 176

밝은 빛 속에
    금욕 184 · 건강과 쾌활 188 · 유산 197

에필로그 199

서문 – 세상의 눈

– 마리나와 동물들을 위하여

사람들이 그토록 운명이라 부르는 것,

그것은 대부분 그들 자신의 어리석은 행동에 불과하다.

아르투어 쇼펜하우어

사람들은 누구나 마음의 평화와 안정을 원하고, 여유로운 삶을 원한다. 하지만 그것을 다른 사람도 아닌 아르투어 쇼펜하우어를 통해서 얻고자 한다면 어떨까? 이 철학자의 사진을 보고 있노라면 온갖 생각이 다 떠오르지만 느긋한 처세가의 여유로움만은 단연코 느낄 수 없다. 단단하게 각진 두상에 근엄한 표정, 굳은 눈초리. 이 남자의 빳빳하게 날 선 옷깃과 잔뜩 찌푸린 이마는 저 고루하고 심각한 19세기의 산물임에 틀림없다. 가벼움이나 쾌활함과는 전혀 거리가 먼 인물이 확실해 보인다. 그러나 그것은 착각이다.

우리가 보는 쇼펜하우어 사진은 사진술이 아직 충분히 발달하지 못했던 시기에 나온 것이다. 가장 유명한 사진은 1859년에 만들어진 것으로 하얗게 센 머리가 단정치 못하게 마구 뒤 헝클어진 늙은 남자를 보여주고 있다. 앙 다문 입은 삶에대한 깊고 쓰라린 회의를 느끼게 하고, 벨벳 옷깃에 파묻힌 주름진 얼굴은 위엄이 엿보이지만 너무 경직되어 있다. 쇼펜하우어는 왜 이렇게 긴장하고 있을까? 이유는 사실 간단하다. 그는 이것이 후대에 전해질 자신의 모습임을 분명히 의식하고 있다. 그래서 자신이 괴테만큼 신적이고 천재적으로 보이려면 어떤 표정을 지어야 하는지 고민한다. 중요한 것은 이미지니까. 이 사진을 찍기 얼마 전에 쇼펜하우어는 화가 안길베르트 괴벨이 그린 자신의 초상화를 보고는 "이건 마치 늙은 개구리를 보는 것 같잖아!"라며 개탄을 했다. 사실 아주 틀린 지적도 아니다. 철학자 쇼펜하우어는 이처럼 허영심이 많은 인물이었지만 또 한편으로는 유머감각도 풍부했다. 특히 자신의 농담을 세심하게 감출 줄 아는 센스는 꽤나 독특하다고 말할 수 있다. 쇼펜하우어의 초상화들 또한 아이러니하게도 보는 이들을 착각에 빠뜨린다. 초상화 속의 인물들은 – 개구리가 되었건 천재가 되었건 한결같이 늙은 사내의 모습을 보여주고 있지만 실제로 아르투어 쇼펜하우어는 평생을 젊은 철학자로 살았다.

그의 대표작 『의지와 표상으로서의 세계』는 그가 갓 서른의 자유분방하고 거칠고 격정적이고 극단적인 저술가로 활동 중이던 1818년에 세상에 나왔다. 그 후로 40년이 넘는 세월 동안 쇼펜하우어는 여러 편의 논문과 저서들을 발표하고, 쉴 새 없이 재판과 증보판을 내놓고, 수많은 번역서들을 출간하였다. 말년까지도 – 심지어는 유고작들 안에서도 – 쇼펜하우어는 항상 새롭게 출발하는 젊은 철학자였다. 인생의 종말을 기록하고 있을 때조차도 그랬다.

쇼펜하우어는 후대에 가서야 자신의 참된 독자를 발견할 수 있었다. 『의지와 표상으로서의 세계』가 발표되고 반년만에 오른 이탈리아 여행길에서 그는 동시대에 바치는 '뻔뻔스러운 시'를 한 편 짓는다. 그 안에는 이런 구절이 나온다.

> 그러니 무슨 짓이든 너희들 마음대로 하렴.
> 그래도 작품의 생명은 어찌할 수 없을 테니
> 잠시 가두어둘지언정 결코 소멸시키지 못하지.
> 후세는 내게 기념비를 세울 터.

이 말은 틀린 말이 아니었다. 쇼펜하우어는 알고 있었다. 후세를, '오로지 그럴만한 자격을 지닌 자, 소수의 승리자와 영웅에게만 자신을 허락하는 이 오만하고 까탈스러운 미녀'를 복하려는 사람은 그만한 대가를 치러야 한다는 사실을 말이다. 대가란 '동시대인들의 박수'에 대한 포기를 말했다. 노년에 이르기까지 쇼펜하우어는 두고두고 이 대가를 지불했다. 그는 그것을 – 완전한 확신 속에서 – 미래의 월계관을 위해 미리 지불하는 계약금으로 이해하였다. 그리고 계산은 나중에 그가 생각한 대로 이루어진다.

그래도 쇼펜하우어는 여전히 계몽주의시대 사람이다. 임마누엘 칸트가 모든 직관에 앞서 존재한다고 말한 '물자체'를 그는 새롭게 '의지'로서 파악한다. 모든 피조물이 지닌 삶에 대한 원초적 충동으로서의 의지다. 쇼펜하우어는 자신을 칸트의 계승자이자 극복자로서 당대의 관념론과 완전히 대척점에 서있다고 보았다. 또한 그는 당대 철학계의 크고 작은 여러 스타들에 대한 악의를 감추지 않았다. 피히테와 셸링은 억지였고, 헤겔의 말은 '완전히 헛소리', '얼마 전까지만 해도 정신병원에나 보내졌을 공허하고 들뜬 잡소리'라고 꾸짖었다.

그러면서 그는 자신의 위상을 확인하기를 원했다. 그래서 베를린 대학의 젊은 초짜 강사 주제에 자기 강의를 모두 당대의 거두 헤겔과 똑같은 시간대에 배치했다. 물론 학생들은 헤겔의 강의가 아니라 그의 강의를 외면했고 어쩔 수 없이 쇼펜하우어는 일찌감치 고독에 익숙해져야 했다. 그 후 수십 년 동안 그는 제대로 이해받지 못한 채 왕따로 지낸다. '나는 철학교수들의 카스파 하우저(골방에 갇혀서 사회와 격리된 채로 자란아이 - 옮긴이)다.' 그의 영향력은 아주 뒤늦게야 발휘되기 시작한다.

쇼펜하우어의 위력은 아무리 강조해도 지나치지 않다. 그는 니체, 바그너, 토마스 만, 사무엘 베케트에게 커다란 영향을 주었고, 그의 '의지' 개념은 현대 심리학의 인간관을 떠받치는 기둥이 되었다. 프로이트의 '생명충동'은 그가 말하는 '생의의지'에 대한 심리학적 응답이라 할 수 있다. '가장 작은 곤충에게도 의지는 완전하게 존재한다.'고 쇼펜하우어는 말한다. '그것(곤충)도 인간과 똑같이 단호하고 완벽하게 자신이 원하는 대상을 향한 의지를 지닌다.'

심리학자이자 인류학자이기도 한 쇼펜하우어는 본능적이고 충동적인 존재이자 동시에 생각하고 탐색하고 느끼는 존재로서의 인간 전반에 대해 사유한다. 지혜로운 18세기가 남긴 잘 정돈된 성찰의 서고書庫에다 그는 끊임없이 동요하고 충동질하는 강력한 생명력을 풀어놓는다. 계몽의 빛으로 밝힌 청결하고 건조한 사유의 보고에 홍수가 들이닥치게 만든다. 그의 '의지'는 계몽주의적 인간상을 허물어뜨린다. 의지는 도처에 있다. 그것은 '이데아'의 영역에 있는 관념이 아니다. 그것은 위로부터 내려온 것이 아니라 아래에서, 현세적 사유의 영역에서 나온다. 인간은 머리와 영혼만이 전부가 아니다. 쇼펜하우어는 인간에게 몸을 돌려준다. 몸은 골칫거리이자 동시에 인간 실존의 중심이다.

  쇼펜하우어의 철학적 세계는 색, 향기, 소리, 음악으로 가득하다. 이 세계에는 부엉이, 해파리, 사슴벌레, 앵무새, 여우, 물개, 고슴도치, 푸들, 오스트레일리아 흰개미도 등장한다. 쇼펜하우어의 고슴도치는 아주 유명하다. 확실히 기존 철학의 아카데믹한 토양과는 사뭇 다른 분위기다. 쇼펜하우어는 스스로를 개척자로 여겼다. 1813년에는 서양철학자로서는 처음으로 고대 힌두교의 가르침을 담고 있는 책 『우파니샤드』를 통독한다. 단치히 무역상의 아들로 태어나 한자도시 함부르크에서 견습생으로 장사를 배우기도 했던 젊은 쇼펜하우어는 그전까지 그의 상인 조상들이 그랬던 것처럼 아시아를 값비싼 향신료, 아름다운 비단과 금세공의 원천으로서만 인식하고 있었다. 그러던 중 갑자기 또 다른 동양의 모습, 사유와 명상과 깨달음이 어우러진 환상적인 철학체계와 만나게 된 것이다. 주문에라도 걸린 듯 그는 먼 이국 문명의 비밀스러운 문헌 속으로 빠져들었다. 이 독서는 그를 변화시킨다. 그는 행복의 철학으로, 포기의정신에 입각한 지혜로 나아가는 길을 닦기 시작한다. 그가 말하는 '무의지적 직관의 축복'에 대한 관념은 여기에 뿌리를 두고 있다. 이런 무의지 상태는 적극적인 노력이나 활동을 통해서 도달할 수 있는 것이 아니다. 거리를 두고, 받아들이고, 무심한 태도를 취할 때 비로소 가능하다. 쇼펜하우어의 철학은 근본적으로 미학적이고 관조적이며 해석학적이다. 철학자는 '세계의 눈' 으로서 이해하고 해석한다. 거리두기와 포기하기는 그의 철학이 나아갈 방향을 일러준다. 인도 사상을 통해서 쇼펜하우어는 쾌활함과 여유로움 그리고 즐거움을 발견한다. 이것은 그의 글에도 잘 나타난다. 쇼펜하우어에게서 배우는 삶이란 가볍고 여유롭게 일상을 견뎌내는 삶을 의미한다.

우리는 대부분의 독자들에게 별로 익숙지 않을, 경쾌하고 경이로운 발견자로서의 쇼펜하우어를 주로 발췌하였다. 첫째장은 '자연의 위대한 질서', 즉 우리를 동물과 하나로 묶는 욕망으로서의 '의지' 에 대해서 말한다. 이를 극복할 때 비로소 우리는 인간임을 증명하게 된다. '나와 타자들' 에서 쇼펜하우어는 '완전한 마음의 안식' 에 어떻게 도달할 수 있는지 묻는다. 오직 혼자일 때, 아니면 타인들과의 공동체 안에서 몸은 인간의 토대를 이룬다. 육체적 욕구는 '만물의 핵' 이다. 여성에 대한, 요조숙녀와 일부다처에 대한 쇼펜하우어의 속물적인 생각들은 '사랑, 출산, 결혼' 이라는 제목하에 다루어진다.

우리 모두는 '시대의 자식' 으로서 늙어간다. '단계' 는 유년기와 노년에 대해서 그리고 그 이후에 오는 것에 대해서 말한다. '지금 여기'는 시간에 대한 고찰이다. 여기서 철학자는 과거와 미래의 위협으로부터 현재를 방어한다. 오늘은 '결코 다시' 오지 않는다. '세계의 눈으로서의 철학자'에서는 진리로 가는 고독한 여정과, 매력적이지만 또한 고통스럽기 짝이 없는 문필 작업이 이야기된다. '좋은 인생'에서는 고통이 인간에게 가장 먼저 실재하는 것임을 보여주며, 또한 행복한 삶에 대해서도 말한다. 이 장에서 쇼펜하우어는 유명한 '동정심'의 철학을 전개한다. 마지막으로 '빛'의 장에서 그는 쾌활함을 통해 욕망의 구속에서 벗어나고 의지를 극복하는 방법을 일러준다.

프롤로그

　오직, 이야깃거리를 직접 자기 머릿속에서 끄집어내서 쓰는 사람의 글만이 읽을 가치가 있다. 그러나 소위 저술가라는 자들과 개괄서나 편람 따위를 써내는 자들은 하나같이 자기 글의 재료를 다른 책에서 가져온다. 거기서 곧장 - 제 머릿속의 통관 과정 없이 - 손가락 끝으로 이어진다. 그래서 이런 자들이 쏟아내는 잡소리들은 아무런 의미도 담지 못한다. 그들의 생각을 알아보려는 노력은 쓸데없이 머리만 아프게 만들 뿐이다. 그들은 전혀 생각하지 않는 자들이다. 그들이 베낀원본도 대부분은 비슷하게 만들어진 것들이다. 그러니 그들은 베낀 걸 또 베끼고 또 베끼고 한 셈이다. 안티노스 (고대 로마의 미소년 - 옮긴이) 의 얼굴은 거의 윤곽을 알아볼 수 없을 지경이다. 이런 편집쟁이들의 글은 절대로 읽을 필요가 없으며, 그저 몇 마디 인용구나 얻어내면 그걸로 족하다. 나머지는 똥이나 닦는 데 쓰면 된다.

자연의 위대한 질서

인간의 동물적 본성
몸의 목적
적합성
의지의 신비
인간이라는 기적

철학자라면 누구나 한번쯤은 세계의 아름다움에 대해 경이로움을 느낀다. 하지만 아르투어 쇼펜하우어에게 이런 경이로움은 살아가는 내내 지속되었다. 세계에는 질서가 있고 우리 인간도 그 질서의 일부다. 활기찬 자연에 대한 그의 찬가를 읽어 본 사람은 까다로운 성미의 불평꾼이자 염세주의자에 대한 오랜 선입견에 의구심을 갖지 않을 수 없다. 연이어 기른 여러 마리의 개들 – 모두 그가 끔찍이도 사랑했던 푸들의 이데아가 다시 몸을 얻어 태어난 녀석들이다! – 에 대한 각별한 애정은 쇼펜하우어의 밝고 현세지향적인 특성을 잘 보여준다. 그의 동물사랑은 또한 철학적 차원을 획득한다. 그는 모든 피조물 안에 의지의 거대한 힘이 완전히 순수한 형태로 드러난다고 말한다. '나는 동물을 볼 때마다 그 즉시 기쁨이 샘솟으며 가슴이 마구 방망이질 친다는 사실을 고백하지 않을 수 없다.' 그것은 동물을 통해서 '우리의 고유한 본성이 지극히 단순화 된 형태로 우리 앞에' 모습을 드러내기 때문이다.

동물을 바라보는 시선은 또한 쇼펜하우어 사상의 중심으로 향한다. 동물과 – 심지어는 식물과도 – 우리를 하나로 묶는것이 바로 의지다. 비록 많은 것들이 인간과 동물을 떼어놓고 있지만, '욕구, 갈망, 의지, 혐오, 도피, 기피따위의 특성은 인간과 동물의 의식에 다 있다. 이것을 인간은 심지어 해파리와도 공유한다.' 이런 의지는 살고자 하는 생의 충동이며, 모든 생명을 규정하는 '물자체' 다. '가장 작은 곤충에게도 익지는 완전하게 존재한다. 그것(곤충)도 인간과 똑같이 단호하고 완벽하게 자신이 원하는 대상을 향한 의지를 지닌다.'

이같이 비밀스럽고 아름다운 질서 아래서 동물들은 조밀하게 이어지는 현재들의 연속을 살아간다. 하지만 인간은 다르다. 인간은 과거와 미래를 안다. 행복해지고 싶다면 인간은 반드시 의지에 대한 지배권을 손에 넣어야 한다. 인간의 머릿속에는 '세계 자체'가 모두 담겨 있다. 쇼펜하우어는 이 같은 표상의 경이로움을 시적으로 묘사한다. 그가 전하는 메시지는 이렇다. '의지를 극복한다면 우리는 동물이 그런 것과 비슷한 평온과 쾌활함을 얻을 수 있다. 하지만 우리는 동물이 아니기 때문에 우회로를 거쳐야만 비로소 여유로움의 천국으로 갈 수 있다.'

인간의 동물적 본성

낙관주의자들은 내게 눈을 뜨고 이 세상이, 산이며 식물이며 공기며 동물 따위들이 얼마나 아름다운지 보라고 말한다. 이런 것들은 물론 아름답게 보인다. 하지만 그것들이 정말로 아름답게 존재하는지는 다른 문제다.

안 그래도 세계는 정말 요지경 상자가 아니던가?

정말 솔직히 고백하겠다. 동물을 볼 때마다 곧장 내 마음엔 기쁨이 샘솟고 가슴이 마구 방망이질 친다. 개를 볼 때가 가장 그렇고, 야생의 모든 동물들, 새들, 곤충들이 다 그렇다.

야생의 동물들이 자기 본성이 충동하는 대로 마음껏 먹이를 뒤쫓고, 새끼를 돌보고, 제 무리들과 어울리는 모습을 보는 것은 얼마나 즐거운 일인지 모른다. 그들은 아무런 거리낌 없이 자기가 해야 할 일들과 할 수 있는 일들을 해나간다. 아무리 작은 새라도 온종일 바라보고 있어도 하나도 지루하지 않다. 두더지나 개구리를 보는 것도 좋다. 고슴도치나 족제비, 사슴, 순록이면 더 좋다! 동물을 바라보는 게 우리에게 이토록 즐거움을 주는 것은 우리 자신의 본성이 지극히 단순화된 형태로 우리 앞에 모습을 드러내기 때문이다.

동물은 인간보다 단순하다. 그것은 식물이 동물보다 단순한 것과 마찬가지다. 동물은 훨씬 더 적나라하게 드러난 생의 의지를 우리에게 보여준다. 인간의 의지는 수많은 인식이 옷을 걸친 데다 뛰어난 표상 능력에 의해 가려져서 단지 우연적이고 부분적으로만 그 참된 본성을 드러낸다. 반면에 식물의 의지는 아주 적나라하게 드러나지만 너무나 미약하다. 그것은 단지 생존을 위한 단순하고 맹목적인 충동일 뿐 아무런 목적이나 목표도 없다.

동물은 의식적 존재다. 동물은 이 수수께끼 같은 실존을 우리와 공유한다.

이 세상에 거짓된 본성을 지닌 존재는 오직 하나, 바로 인간뿐이다. 인간을 뺀 다른 모든 존재들은 참되고 솔직하다. 그들은 있는 그대로의 자신을 숨김없이 드러내고 느낀 대로 표현한다. 모든 동물들이 지극히 자연스러운 태도로 이리저리 돌아다니는 모습은 인간과 동물의 이 같은 근본적인 차이를 상징적으로 또는 우의적으로 보여준다. 내가 동물을 볼 때 즐거운 느낌을 받는 것은 바로 이런 모습 때문이며, 특히 자유로운 야생동물을 볼 때 내 가슴은 더욱 벅차오른다. 반면에 인간은 겹겹이 걸친 옷 때문에 흉측한 괴물처럼 변해서 볼 때마다 불쾌함을 느끼게 된다. 특히 자연스럽지 못한 흰색과 본성에 반하는 육식, 술과 담배, 무절제, 각종 질병 등등은 이런 불쾌감을 더욱 심하게 만든다. 그야말로 인간은 자연의 오점이다! – 그리스인들이 옷 입기를 최대한 절제했던 것은 아마도 이런 느낌 때문이었을 것이다.

동물은 감수성과 직관을 지닌다. 인간은 그에 더해서 생각하고 이해할 줄도 안다. 욕구는 둘 모두에게 있다. 동물은 자신의 느낌과 기분을 몸짓과 소리를 통해서 전달한다. 인간은 언어를 통해서 남에게 자기 생각을 알리거나 감춘다.

동물은 죽는 순간에 처음으로 죽음을 경험한다. 하지만 인간은 의식을 통해 매 순간 죽음에 조금씩 더 가까이 다가간다. 이런 지속적인 소멸을 제대로 인식할 능력이 없는 사람에게 조차 삶은 왠지 모를 불안으로 다가온다. 이런 이유 때문에 인간은 철학과 종교를 발전시켰다. 하지만 우리 인간들이 지고지순한 것으로 칭송하는 정의로운 행동과 정신의 고귀함이 – 이 둘은 정말로 칭송받아 마땅하다 – 과연 철학과 종교의 결실인지는 확실치 않다.

앎이란 본래 추상적인 인식을 말한다. 그것은 오직 이성을 통해서만 얻을 수 있다. 그러므로 엄밀히 말해서 동물은 무언가를 안다고 말할 수 없다. 하지만 동물에게도 직관적 인식은 있기 때문에 무엇을 기억해내거나 상상할 수 있다. 그들이 꿈을 꾼다는 사실도 이를 뒷받침힌다. 우리는 동물에게도 의식을 부여한다. 여기서 의식은, 비록 그것이 앎과 동일한 어원에서 나온 단어지만 개념적으로는 표상 – 어떤 종류의 표상이든 상관없다 – 과 같은 의미를 지닌다.

애초에 이성에 대한 관찰을 시작할 때 이미 우리는 인간의 행위가 동물의 행위와 근본적으로 다르다는 사실을 알고 있었다. 둘의 근본적인 차이는 단지 인간의 의식에 추상적 개념이 존재한다는 것에 불과하지만 그럼에도 불구하고 이 차이는 우리의 삶 전반에 막대한 영향을 가져왔다. 그 결과 우리와 동물의 차이는 시각을 지닌 동물과 그렇지 못한 동물 (애벌레, 지렁이, 말미잘 등)의 차이만큼이나 크고 의미심장하게 벌어졌다. 눈이 없는 동물들은 촉각을 통해서 그들과 같은 공간 안에 있는 대상, 그들이 직접적으로 접촉하는 대상만을 인식한다. 반면에 시각을 지닌 동물들은 광범위한 영역 안에 있는 가깝고먼 대상들을 모두 인식할 수 있다. 마찬가지로 이성의 부재는 동물로 하여금 그들과 같은 시간 안에 있는 대상, 즉 직접적으로 현존하는 대상만을 직관적으로 표상할 수 있도록 제한한다. 반면에 우리 인간은 추상적 인식 능력을 통해서 가깝고 실제적인 현재 이외에도 과거와 미래 전체와 가능성의 광활한 영토를 모두 표상할 수 있다. 우리는 현재와 현실을 훨씬 뛰어넘어 삶의 모든 측면을 자유롭게 조망한다. 이처럼 눈이 공간적이고 감각적인 인식을 위해서 존재한다면, 이성은 시간적이고 내면적인 인식을 위해서 존재한다.

삶의 모든 측면을 전체적으로 조망하는 것은 – 이성 덕택에 인간은 이 점에서 동물을 앞선다 – 삶의 과정을 기하학적이고 추상적으로, 색깔을 칠하지 않고, 윤곽만 작게 축소시켜서 그려내는 것과 비슷하다. 이때 인간과 동물의 차이는, 지도와 나침반과 천체고도측정기를 가지고서 매 순간 바다 위의 배 위치를 정확히 파악하면서 항해하는 선장과 오직 파도와 하늘만 바라보며 일하는 아무 것도 모르는 선원들의 차이와 같다. 그러므로 인간이 구체적인 삶과 병행하여 두 번째의 추상적 삶을 영위하는 모습은 흥미롭다 못해 경이로울 지경이다! 첫 번째삶에서 인간은 현실의 모든 폭풍우와 현재의 작용에 내맡겨져 있으며, 동물과 똑같이 애쓰고 고통 받고 죽어야 한다. 그러나 이성적 자각 속에 이루어지는 인간의 추상적 삶은 첫 번째 삶, 즉 그가 실제로 살아가는 세계의 조용한 투영이며, 윤곽만 작게 축소시켜서 그려낸 스케치다.

몸의 목적

인간의 몸과 동물의 몸은 각자의 의지에 대해 완벽한 적합성을 지닌다. 이는 의도적으로 제작된 도구가 제작자의 의지에 대해 갖는 적합성과도 비슷하다 (물론 앞의 적합성은 나중의 적합성을 훨씬 능가한다). 이런 적합성은 몸의 합목적성으로 간주된다. 다시 말해서 그것은 몸에 대한 목적론적 설명을 가능케 한다. 따라서 몸의 각 부분은 의지를 표출시키는 주요 욕구들과 완전히 일치해야 한다. 즉 의지의 가시적 표현이어야 한다. 치아와 구강口腔과 장腸은 가시적으로 드러난 굶주림, 즉 객체화된 굶주림이고, 성기性器는 객체화된 성욕이며, 움켜잡는 손과 빠른 발은 그것들이 표현하는 의지의 간접적 노력을 보여주는 가시적 표현이다.

인식의 인도를 받지 못하는 경우에도 의식은 여전히 작용한다. 이 사실을 우리는 동물의 본능과 공작충동Kunsttrieb을 통해 잘 관찰할 수 있다. 여기서는 동물도 제 나름의 표상과 인식을 지닌다는 가정을 배제한다. 동물들은 마치 어떤 동기라도 있는듯이 헌신적으로 목적을 추구할 때도 실제로는 전혀 목적이나 동기를 알지 못한다. 그들의 행위는 아무런 동기도 없이 일어나며, 목적에 대한 어떤 표상에 의해 인도되지도 않는다. 동물들의 이 같은 행동방식은 의지가 인식 없이도 활동한다는 사실을 극명하게 보여준다. 한 살짜리 새는 열심히 둥지를 만들고 있지만 거기에 자신이 낳을 알에 대해 아무런 표상도 갖지 못한다. 어린 거미는 자기가 잣고 있는 거미줄이 가져다줄 노획물을, 개미귀신은 자기가 파는 첫 구덩이에 빠질 개미를 표상하지 못한다. 사슴벌레의 유충은 변신을 위해 나무에 구멍을 팔 때 수컷이 되려는 놈이 암컷이 되려는 놈보다 더 큰 구멍을 판다. 나중에 자라날 뿔을 위해 충분한 공간을 확보하기 위해서인데, 이 뿔에 대해서 사슴벌레 유충은 아직 아무런 표상도 갖고 있지 못하다. 동물들의 이런 행동에, 그리고 다른 모든 행동에 어떤 의지가 활동하고 있는 것은 분명하다. 하지만 그것은 또한 맹목적인 활동이다. 여기에 비록 어떤 종류의 인식이 동반되는 것처럼 보여도, 그것은 인식에 의해 인도된 활동으로 볼 수 없다. 동기로서의 표상은 의지가 활동하기 위한 필수적이고 본질적인 조건이 아니다. 이런 사실을 깨닫고 나면 우리는 크고 작은 다른 많은 경우들에서도 손쉽게 위와 같은 의식의 작용을 발견할 수 있다. 예를 들어 우리는 달팽이의 집을 인식에 의해 인도된 어떤 의지에 귀속시키지 않을 것이다. 반대로 우리가 짓는 집을 우리 자신의 의지가 아닌 다른 어떤 의지를 통해서 세상에 존재하게 된 것으로 보지도 않는다. 그럼에도 불구하고 이 두 집은 의지가 두 가지 현상으로 객체화된 결과이다. 이 의지는 우리 내부에서는 동기에 따라 작용하지만, 달팽이에게서는 외부를 향한 형성충동으로서 맹목적으로 작용한다.

곤충들은 놀라운 주도면밀함으로 집이나 둥지를 만들고, 알을 낳고, 오는 봄에 거기서 나올 유충을 위해 먹이를 마련한다. 그리고 그 모든 일을 끝마친 뒤 조용히 죽어간다. 이는 인간이 저녁 때 미리 다음날 아침을 위해 음식을 준비해 놓고 편안한 마음으로 잠자리에 드는 것과 똑같다. 이것은, 저녁 때 잠자리에 드는 인간이 다음날 아침에 일어나는 인간과 동일하듯이 가을에 죽는 곤충이 봄에 알에서 기어 나오는 곤충과 내적 본성에 있어서 동일하지 않다면 전혀 가능하지 않은 일이다.

동물의 생명과 노동력에 대해 인간이 갖는 권리의 근거는 다음과 같이 설명된다. 고통은 의식이 명료할수록 커진다. 따라서 동물이 죽음이나 노동을 통해서 겪는 고통보다는 인간이 동물의 고기나 노동력을 거절당함으로써 겪는 고통이 더 클 수 있다. 이런 이유로 인간은 자신의 생존에 대한 긍정을 통해 동물의 생존을 부정하는 데까지 나아갈 수 있다. 그럼으로써 생의 의지는 인간이 그렇게 행동하지 않을 때에 비해 전체적으로 더 적은 양의 고통을 겪을 것이기 때문이다. 이것은 또한 인간이 어느 정도까지 정당하게 동물의 힘을 사용할 수 있는 지도 결정해준다. 하지만 사람들은 빈번히 그 한계를 넘어선다. 특히 사역동물이나 사냥개들에게서 그렇다. 그래서 동물보호단체들의 활동은 주로 이 동물들에 맞추어져 있다. 내 생각에는 인간의 이런 권리가 상위 동물들의 생체해부에도 적용되지 말아야 한다. 하지만 곤충이 죽음을 통해서 느끼는 고통은 인간이 그 곤충에게 물리거나 쏘였을 때 느끼는 고통에 비해 훨씬 미약한 것이 사실이다. 옛 인도인들은 이 점을 간과하였다.

우리는 인간의 의식이 지닌 특성의 일부를 제거함으로써 동물의 의식을 구성해볼 수 있다. 하지만 동물의 의식에는 인간에게서보다 더 잘 발달된 본능들이 작용하고 있으며, 공작충동도 그 중 하나다.

적합성

　　동물의 의식은 현재들의 단순한 연속이다. 여기에는 아직 오지 않은 미래도 없고 이미 물러가버린 과거도 없다. 하지만 인간의 의식에는 그와 같은 미래와 과거가 존재한다. 그래서 동물이 겪는 고통은 우리 인간에 비하면 한없이 더 적다. 동물은 오직 현재가 직접 가져다주는 고통 이외의 다른 고통을 알지 못하는데, 현재는 찰나에 불과하다. 반면에 우리 인간이 느끼는 고통의 대부분을 제공하는 미래와 과거는 아주 오랜 시간 이어진다. 게다가 거기에는 실제 고통 이외에 고통의 가능성까지도 포함된다. 이를 통해서 인간의 소망과 두려움에는 미처 다 내다볼 수도 없는 광활한 영역이 열리게 된다. 하지만 동물들은 이런 것들에 구애받지 않고 매 순간의 견딜 만한 현재를 편안하고 즐겁게 누린다.

극히 제한된 사람들만이 이 점에서 동물들에게 근접한다. 그 밖에도 순전히 현재에만 속하는 고통은 오직 육체적 고통뿐이다. 동물들은 심지어 죽음조차 느끼지 못한다. 동물들은 죽음이 직접 찾아왔을 때만 그것을 알 수 있는데, 그 순간이 되면 그들은 이미 존재하지 않는다. 그들에게 삶은 연속되는 현재일 뿐이다. 동물의 삶은 미래와 과거에 대한 개념 없이 오로지 현재 안에서만 이루어진다. 사실 인간 중에도 거의 아무런 생각 없이 살아가고 있는 이들이 꽤 많기는 하다. 동물의 지적 특성이 초래한 또 다른 결과는 그들의 의식과 주변 환경의 정확한 일치다. 동물과 외부세계 사이에는 아무런 벽이 존재하지 않는다. 하지만 우리 인간과 외부세계 사이에는 세계에 대한 우리의 사고가 자리잡고서 우리와 외부세계의 온전한 소통을 가로막는다. 어린아이나 아주 야만적인 사람들에게는 이 벽이 아직 높지 않아서 그 안에서 어떤 일들이 벌어지는지 쉽게 들여다볼 수 있다. 이런 이유에서 동물들은 무엇을 마음속으로 작정하거나 감추는 짓을 할 줄 모른다. 그들에게는 숨은 의도 따위는 존재하지 않는다. 이런 점에서 개와 사람의 차이는 유리그릇과 무쇠그릇의 차이와 같으며, 이것은 나에게 개를 그토록 소중한 존재로 만드는 특징이기도 하다. 우리가 평소에 감추기에 급급한 모든 욕구나 감정들이 개 안에서 적나라하게 드러나는 것을 보는 일은 커다란 즐거움을 준다. 동물은 언제나 모든 걸다 드러내놓고 행동한다. 그래서 동물들이 끼리끼리 모여 있을 때나 다른 종들과 함께 있을 때 하는 본능적인 짓거리들은 보면 볼수록 흥미롭다. 동물의 행동은 순진무구함 그 자체다. 반면에 인간의 행동은 이성과 사리분별을 통해 자연의 순수성에서 점점 멀어진다.

인간을 제외한 다른 어떤 존재도 자신의 실존에 대해 의문을 품지 않는다. 동물들은 이것을 너무나 당연하고 자연스럽게 받아들이기 때문에 미처 자신의 존재를 알아차리지도 못한다. 동물의 시선에 담긴 더없는 평온함은 자연의 지혜마저 느끼게 한다. 그들은 의지와 지력知力이 애당초 서로 동떨어져 있지 않은 까닭에 이 둘이 서로 만날 때도 아무런 의아함이나 놀라운 감정을 품지 않는다. 동물에게는 모든 개체적 현상들이 그 출처인 자연과 확고하게 결합되어 있으며, 이 결합을 통해서 동물은 위대한 어머니 자연의 무의식적 전지全知, omniscience에 동참한다.

세상에는 놀랄 만큼 많은 종의 동물들이 있으며 그 중에는 우리가 아직 한 번도 보지 못한 기이한 모습의 동물들도 무수히 많다. 그럼에도 불구하고 우리는 동물의 내적 본성을 우리가 잘 아는 익숙한 것으로 가정한다. 우리는 동물에게도 욕구가 있음을 알며, 그것이 무엇보다도 생존과 안녕과 번식에 대한 욕구라는 사실도 안다. 이 점에서 우리는 동물이 우리와 완전히 똑같다고 인정한다. 이런 전제를 기꺼이 받아들임으로써 우리는 우리 자신에게서 발견되는 모든 욕구를 동물에게도 똑같이 부여하는 데 기분 상하지 않으며, 아무런 거리낌 없이 동물들의 갈망, 혐오, 두려움, 분노, 미움, 애정, 기쁨, 슬픔 따위에 대해 거론할 수 있다. 하지만 이야기가 인식 현상에 관한 것으로 넘어가면 우리는 곧 불확실성에 빠진다. 동물이 무언가를 이해하고 생각하고 판단하고 인식할 수 있는지 어쩐지 우리는 감히 말하지 못한다. 다만 표상만큼은 동물에게도 확실히 부여한다. 표상이 없다면 동물의 의지는 조금 전에 열거한 작용들을 보이지 못할 것이기 때문이다. 하지만 실재하는 어떤 동물의 특정한 인식 방식과 그것의 엄밀한 한계에 관해서 우리는 단지 부정확하게만 파악하고 있으며, 그마저도 뻔질나게 교정해야 한다. 그런 탓에 동물에 대한 우리의 이해는 턱없이 부족할 때가 많으며, 단지 직접적인 경험과 접촉을 많이 함으로써만 어느 정도 나름대로 이해할 수 있을 뿐이다. 인식에 있어서 인간과 동물의 의식은 크게 차이난다. 반면에 욕구, 갈망, 의지, 혐오, 도피, 기피 따위의 특성은 모든 의식에 다 있다. 이런 의식을 인간은 심지어 해파리와도 공유한다.

동물의 발달 단계를 관찰해보면 아래 단계로 내려갈수록 지력이 점점 더 약해지고 불완전해지는 걸 알 수 있다. 하지만 의지도 그에 상응하여 약해지는 것은 결코 아니다. 의지는 어느 단계에서나 동일한 본성을 유지한다. 의지는 생에 대한 애착으로서, 개체와 종족을 걱정하고 보살피는 마음으로서, 모든 타자에 대한 배척과 이기심으로서 표출된다. 가장 작은 곤충에게도 의지는 완전하게 존재한다. 그것도 인간과 똑같이 단호하고 완벽하게 자신이 원하는 대상을 향한 의지를 지닌다.

식물의 의지는 아주 적나라하게 드러나지만 너무나 미약하다. 단지 생존을 위한 단순하고 맹목적인 충동일 뿐 목적이나 목표도 없다. 식물은 자신의 모든 본성을 완벽한 순진무구함으로 단박에 다 드러낸다. 식물은 모든 동물들이 가장 은밀한 곳에 감추고 있는 성기를 제일 머리꼭대기에 보란 듯이 펼쳐놓고도 전혀 부끄러워하지 않는다. 식물의 이런 순진무구함은 인식이 없기 때문에 가능하다. 부끄러움은 단순히 욕구 자체가 아니라 거기에 인식이 동반될 때 비로소 생겨난다. 모든 식물은 자신의 고향에 관해서, 자기가 태어난 곳의 기후와 토양의 성질에 관해서 말한다. 그래서 식물의 전문가가 아닌 사람도 낯설게 생긴 어떤 화초가 열대지방에서 왔는지 아니면 서늘한 지역에서 왔는지, 물가나 늪지에서 자라는지 아니면 산이나 들판에서 자라는지 비교적 쉽게 구분할 수 있다. 그밖에도 식물들은 누구나 자기 종만이 지닌 특별한 의지를 표출하며, 다른 어떤 언어로도 표현할 수 없는 것을 말한다.

동물의 지력도 고난을 통해 눈에 띄게 상승한다. 몹시 힘든 상황에서 동물들이 발휘하는 능력은 자주 우리를 놀라게 한다. 예를 들어 동물들은 현재 자기 위치가 탄로 나지 않았다면 애써 도망치기보다 그 자리에 가만히 있는 게 더 안전하다는 사실을 계산할 줄 안다. 그래서 토끼는 사냥꾼이 바로 옆을 지나갈 때도 밭고랑 사이에 숨을 죽인 채 앉아있고, 곤충들은 더 이상 벗어날 수 없을 때 거짓으로 죽은 시늉을 한다. 늑대의 독특한 개체 발달사는 고난의 그 같은 작용을 더 정확히 보여준다. 유럽이 문명화되면서 그곳 늑대들의 상황은 심각한 어려움에봉착하게 된다. 그 결과 늑대는 육체적 힘을 지력으로 대체하여 어려운 상황을 극복하는 꾀 많은 여우로 발전한다. 여우는 한편으로는 고난과의 지속적인 투쟁을 통해서, 또 한편으로는 살고자 하는 강력한 의지를 통해서 높은 수준의 영리함을 획득하기에 이른다. 영리함은 이제 여우의, 특히 나이 든 여우의 대표적인 특성으로 자리잡았다.

동물이 인간보다 더 행복한 이유는 동물의 의식이 오직 현재에 국한된 탓에 절대로 직관적 현재를 넘어서는 어떤 것을소망하거나 두려워할 수 없다는 데 있다. 현재가 즐겁거나 최소한 견딜 만하다면 동물은 아무런 방해도 받지 않고 그 현재를 즐긴다. 인간은 그러지 못한다. 그러나 극히 일부의 사람들은 그렇게 할 수 있는 것처럼 보인다. 바보들은 너무 지루해지지만 않는다면 항상 즐거울 수 있는 것 같다. 그들은 아무 생각도 없기 때문에 근심 따위가 들어설 여지도 없다. 또 사색가들은 쉽게 지루함에 빠지지 않기 때문에 그들의 생각이 근심거리를 가져다주거나 스스로 만들어 내지만 않는다면 역시 항상 즐거울 수 있는 것 같다.

의지의 신비

 의지는 신비롭기 짝이 없다. 하나의 종種에서 갈라져 나온 수백만의 개체들은 마치 모두 제 각각의 의지를 지니고 있는 것 같다. 그래서 나무에 움트는 싹을 마음 놓고 잘라도 나머지 수백만 개의 싹들은 그에 구애받지 않고 쑥쑥 자라난다. ─ 그러나 잠깐! ─ 그대가 자른 단 하나의 싹으로 인해 생의 의지 전체가 고통을 받는다.

 밤하늘의 별들을 보며 그 거리를 가늠해보라. 너무나 멀어 도저히 헤아릴 수가 없다. 이 말의 의미를 되새기면서 헤아릴 수 없이 먼 거리를 머릿속에 떠올려보라. 그대가 얼마나 한없이 작은지, 그대의 행위가 얼마나 아무 것도 아닌지. ─ 그러나 잠깐! ─ 그대의 아무 것도 아닌 행위 안에서 생의 의지 전체가 결정된다. 이 의지만이 유일하게 진실하며 모든 세계의 핵심이다. 이 같은 생의 의지를 물자체로서 인식할 때만이 우리는 가장 큰 것과 가장 작은 것maximi et minimi, 대우주와 소우주의 동일성을 깨달을 수 있으며, 이 같은 인식의 두 상극을 서로 결합시킬 수 있다.

모든 식물은 자기가 자라는 토양과 지역에 적합하고, 모든 동물은 자기가 속한 환경과 먹잇감에 적합하며, 심지어는 먹잇감도 자신의 천적에 대해 어느 정도 적절한 방어능력을 갖춘다. 눈은 빛이나 다치기 쉬운 제 특성에 적합하고, 폐와 혈액은 공기에 적합하고, 부레는 물에 적합하고, 물개의 눈은 환경의 잦은 전환에 적합하고, 낙타의 위속에 있는 수분이 풍부한 세포는 아프리카 사막의 메마른 풍토에 적합하고, 노틸러스호의 돛은 배를 밀어내는 바람에 적합하다. 이런 식으로 우리는 가장 특수하고 더없이 경이로운 외부적 합목적성과 만난다. 여기서 우리는 모든 시간성에서 벗어날 필요가 있다. 그런 것은 단지 이데아의 현상들과 관계할 뿐 이데아 자체는 보여주지 못한다. 다시 말하면, 우리는 위의 설명방식을 방향을 거꾸로 돌려서 적용시켜볼 수도 있다. 즉 모든 종들이 주어진 환경에 적응한 것일 뿐만 아니라, 반대로 시간적으로 앞서 있는 환경이 미래에 자기 안에 머물게 될 존재들을 이미 고려했다고 가정해볼 수 있다. 왜냐하면 세계 안에 객체화된 의지는 단 하나의 동일한 의지이기 때문이다.

　자연의 도처에서 우리는 갈등과 투쟁 그리고 승패의 갈림을 보게 된다. 의지가 객체화되는 각 단계는 모두 다른 단계의 물질과 공간과 시간을 문제삼는다. 그리하여 물질은 끊임없이 형태를 바꿀 수밖에 없다. 인과법칙 아래서 기계적, 물리적, 화학적, 유기적 현상들은 제 모습을 나타내려는 욕심에서 서로 물질을 뺏고 빼앗긴다. 모두 자신의 이데아를 드러내고 싶어한다.

　이 같은 갈등은 자연 전체를 관통하여 관찰된다. 자연이 이런 갈등을 통해서 유지된다고 말해도 지나치지 않다. 이 갈등은 의지의 본성적인 자기 분열이 밖으로 표출된 것이다. 이런 보편적인 투쟁을 우리는 특히 동물의 세계에서 뚜렷이 관찰할 수 있다. 그 안에서는 식물들뿐만 아니라 모든 동물들이 다른 동물의 먹이가 된다. 다시 말해서 모든 동물은 타자의 생존을 지속적으로 해체함으로써 자신의 생존을 유지할 수 있으며, 자신의 이데아를 드러내는 물질을 타자의 이데아를 드러내기 위한 목적에 양도해야 한다. 이처럼 생의 의지는 언제나 자기 자신을 먹어치운다. 그것은 다양하게 형상을 바꾸어가며 자기 자신의 먹잇감이 되며, 그 끝에는 인간 종족이 있다. 인간은 다른 모든 종들을 힘에서 압도하는 까닭에 자연을 마치 제 마음대로 사용할 수 있는 상품처럼 여긴다. 하지만 인간은 자기들끼리 그런 투쟁을 벌인다. 이제까지 말한 의지의 자기 분열은 인간들 안에서 가장 끔찍한 형태로 제 모습을 드러내고 있다. homo homini lupus, 즉 인간은 인간에게 늑대다. 근래 들어 우리는 그와 똑같은 갈등, 똑같은 폭력을 더 낮은 단계에서 객체화된 의지에서도 발견할 수 있었다.

많은 곤충들(특히 맵시벌)은 다른 곤충의 몸이나 피부에다 제 알을 낳는다. 그러면 알은 그 곤충을 파괴시키며 천천히 부화된다. 새끼 히드라는 어미 히드라의 몸에서 가지처럼 갈라져 나와 자라다가 나중에 분리되는데, 아직 어미 몸에 붙어 있는 동안에도 어미와 먹이를 놓고 다툰다. 예를 들면 한 놈이 이미 입에 물고 있는 먹이를 다른 놈이 가로채가는 식이다. 이런 종류의 다툼 중 가장 잔인한 사례는 오스트레일리아의 불독개미다. 이놈들은 몸을 절반으로 절단하면 머리와 꼬리가 싸움을 벌인다. 머리는 꼬리를 입으로 물고, 꼬리는 독침으로 이에 맞선다. 싸움은 그러다가 둘 다 죽어버리거나 다른 개미들이 끌어갈 때까지 30분 가까이 지속되곤 한다. 이 싸움은 몸이 두 동강 날 때마다 매번 벌어진다.

미주리 강변에 가면 아름드리 참나무가 야생의 거대한 포도 넝쿨에 몸통이며 가지가 모두 칭칭 감겨서 마치 질식한 듯이 시들어 있는 모습을 종종 볼 수 있다. 똑같은 현상은 생명의 가장 낮은 단계에서도 나타난다. 예를 들면 유기적 동화과정을 통해서 수분과 탄소가 수액으로 바뀌거나 곡식과 빵이 혈액으로 바뀌는 것이 그렇고, 화학적 에너지가 하위 기관에 작용하여 동물의 분비활동을 일으키는 것이 그렇다. 또 비유기적 자연에서도 가령 수정이 자라나면서 서로 마주치게 되면 서로의 성장을 방해해서 결정이 순수한 형태를 띠지 못하게 된다. 이 같은 광물의 정동晶洞, geode은 모두 낮은 단계의 객체화 과정에서 의지가 벌이는 다툼의 표현이다. 자석이 쇠붙이에 자력을 부여하여 자신의 이데아를 쇠붙이에서 드러내는 것이나, 갈바니의 전류가 화학친화력을 압도하는 것도 다 마찬가지다. 갈바니의 전류는 화학법칙에 따른 확고한 결합을 해체시켜 음극에서 떨어져 나온 염분의 산酸을 중간에 알칼리와 결합하거나 리트머스용지를 붉게 물들이지 않은 채로 양극으로 이동시킨다.

물자체로서의 의지는 모든 존재가 공유하는 재료이며 만물을 관통하는 원소다. 우리는 그것을 다른 모든 사람들뿐만 아니라 동물이나 그보다 더 낮은 단계의 존재와도 공유한다. 만물은 하나하나가 모두 의지로 충만하며 이 점에서 우리는 모두 평등하다. 반대로 인식은 한 존재를 다른 존재보다, 한 인간을 다른 인간보다 우월하게 만든다. 그러므로 우리는 오로지 인식을 드러내기 위해 모든 노력을 기울여야 한다. 의지는 모두가 공유하는 것이므로 천박하며, 따라서 그것을 드러내려는 노력 또한 천박하다. 의지는 우리로 하여금 단지 종種적인 특성만을 내보이도록 만들기 때문에 우리를 단순히 종의 표본이나 사례로 격하시킨다. 그러므로 분노, 미움, 절제되지 않은 기쁨, 두려움 등 의지의 모든 격한 작용은 다 천박하다. 의지의 작용들은 몹시 강력하기 때문에 - 의식 내부에서는 - 인식을 훨씬 능가하며, 인간을 생각하는 존재에 앞서 욕망하는 존재로서 출현시킨다. 이런 격정에 사로잡히면 아무리 위대한 천재도 비천한 인간과 똑같아진다.

반면에 비천하지 않고 위대하게 되고 싶다면, 아무리 절실한 욕구가 생기더라도 절대로 의지가 의식을 완전히 지배하도록 나둬서는 안 된다. 예를 들어 다른 사람에게서 악의에 찬 감정을 감지하더라도 그 때문에 흥분하지 말아야 한다. 위대함의 가장 확실한 징표는 남들이 욕하거나 놀리는 말을 해도 그냥 잘 몰라서 그러려니 하고 감정적으로 대응하지 않는 태도다. '사람답게 굴라는 말을 듣는 것은 남자에게 가장 큰 치욕'이라는 발타자르 그라시안의 말도 이런 뜻으로 이해된다.

우리는 의지를 성기처럼 깊숙이 감출 필요가 있다. 비록 이 둘이 우리 존재의 근간을 이루고 있는 것이 사실이어도 말이다. 그리고 오직 자신의 인식만을 얼굴처럼 내보여야 한다. 물론 그것도 잘못을 저지르면 천박해진다.

인간이라는 기적

 아, 이 얼마나 멋진 기적인가! 이 세상에서 내가 기적이라고 여기는 대상은 둘 뿐이다. 둘 다 물체이고 무게가 있고 형태에 균형이 잡혔으며 보기에 아름답다. 하나는 금빛 테두리와 손잡이가 달린 벽옥화병이고, 다른 하나는 인간이라는 유기체이자 동물이다. 둘의 모습을 감탄에 감탄을 거듭하며 바라보다가 나는 나를 둘의 내부로 들어가게 해달라고 내 안의 정령에게 부탁하였다. 나의 소망은 이루어졌다. 화병 안에서 나는 중력의 압박과 우리가 화학친화력이라고 부르는 몇 가지 어렴풋한 끌림 이외에 다른 아무 것도 발견할 수 없었다.

 하지만 다른 물체 안으로 들어갔을 때 – 그 놀라움을 도대체 어떻게 말로 다 표현할 수 있으랴! – 그 안은 이 세상에서 지어낸 그 어떤 동화나 우화보다도 더 신비하고 불가사의했다.

아무도 믿지 않을지 모르겠지만, 그에 개의치 않고 나는 거기서 내가 본 것들을 말해보려 한다. 그 물체 안에서, 더 정확히 말하면 머리라고 불리는 맨 위쪽에서 – 그것은 밖에서 보면 그냥 공간 안에 일정한 크기를 지니고 무게가 있는 등등 다른 물체와 차이가 없다. – 나는 다름 아닌 세계 전체를 발견할 수 있었다. 거기에는 온갖 빛깔을 띤 무수히 많은 형상들이 공간과 시간 속에 존재하고 있었다. 게다가 더 멋진 일은 그 안에서 산책하는 내 자신의 모습을 보는 것이다! 이 모든 것은 단순히 그림이나 요지경상자 속 장면이 아니라 완전히 현실과 똑같았다.

양배추보다 별로 크지도 않은 머리라는 물체 안에는 정말로 이런 것들이 모두 담겨 있다. 이런 것을 형리들은 기회만 되면 단 칼에 잘라내곤 한다. 그러면 그 세계는 순식간에 밤의 어둠으로 뒤덮인다. 그와 함께 모든 것은 사라져버리며, 버섯처럼 다시 자라나지도 않는다. 이 물체는 정말로 허무 속으로 가라앉는 세계를 다시 건져 올리고, 세계가 계속해서 굴러가도록 만들기에 모자람이 없다. 그 세계는 모두가 공유하는 표상으로서 존재하며, 이 같은 표상의 보편성을 우리는 객관성이라고 부른다. 나는 마치 수천 개의 팔과 눈과 입을 지닌 최고신으로서의 크리슈나의 참된 모습을 본 아르주나가 된 듯한 기분이었다.

초라하고 편협한 우리 자신의 모습에서 눈을 돌려 이 세계를 초월한 이들을 한 번 바라보라. 그들에게서 의지는 완전한 자기인식에 도달하여 만물 안에 편재하면서 동시에 자유롭게 스스로를 부정한다. 그들은 자신의 몸과 더불어 의지의 마지막 흔적이 지워지는 모습을 조용히 관조할 줄 안다. 욕망에 찬 인간의 삶과 세계는 충동과 갈망의 연속이고, 소망은 항상 두려움으로 기쁨은 항상 고통으로 바뀌며, 헛된 희망은 결코 만족할 줄도 모르고 사라지지도 않는다. 그에 비해 의지를 극복한 이들에게는 그 어떤 이성보다도 더 고귀한 평화가 있고, 호수와도 같은 마음의 고요함이 있고, 더 없이 깊은 안식과 흔들리지 않는 믿음과 쾌활함이 있다. 그들의 얼굴은 마치 라파엘로나 코레지오가 그린 것처럼 밝게 빛난다. 거기에는 이런 복음이 담겨있다. '오직 인식만이 영원하며 의지는 덧없도다!'

무엇이 이보다 더 바람직할 텐가!
공허하고 초라한 삶을 오롯이 이겨내어
한없는 동경으로 가슴이 터질지언정
욕망은 우리를 채우지 못한다.
얼마나 아름다운가!
소리 없는 발걸음 가볍게 놀려
황량한 이 땅의 삶을 지나니

두 발엔 먼지 한 점 달라붙지 않고

두 눈은 천상에 들어 내려올 줄 모른다.

나냐 남이냐

우리는 정확히 자기 자신 만큼만 이룰 수 있다
규칙
사교생활
고슴도치

혼자가 나을까, 남들과 함께 하는 게 나을까? 앞서 임마누엘 칸트가 그랬듯이 쇼펜하우어도 인간의 반사회적 사회성 문제에 대해서 숙고하였다. '우리는 혼자가 아니다. 하지만 사람은 누구나 자기 자신만을 위해 존재한다.' 역설처럼 들리는 이 문제를 쇼펜하우어는 쉽게 해결할 수 있으리라고 믿었다. 생각하고 성찰하고 느끼는 인간, 즉 진짜 인간다운 인간은 언제나 혼자다. 공동체나 사교집단은 무조건 피해야 한다. 이 대목에서 쇼펜하우어는 많은 사람들에게 익숙한 괴팍하고 고집스러운 독신주의자로서의 면모를 내보인다. 하지만 정말 그럴까?

이 대목을 좀 더 자세히 들여다볼 필요가 있다. 비록 낭만

주의 철학을 거부하였지만 쇼펜하우어는 여전히 낭만주의의 자식이다. 그의 사고는 나름대로의 방식으로 행복을 추구하고 있다. 물론 그 자신은 행복의 실현가능성을 강하게 부정한다. 회의는 불필요한 기대, 희망, 자기기만 따위를 막아준다.

 쇼펜하우어가 근본적으로 원하는 것은 '완벽한 평정심'이다. 그는 우리가 충분히 이런 상태에 도달할 수 있다고 여긴다. 단, 문제는 정확히 어떻게 해야 하느냐이다. 모든 것은 자아인식과 더불어 시작된다. 인류학자 쇼펜하우어는 기억, 잠, 생각 따위를 생리적 과정으로 보았다. 그에게 인간은 몸과 마음의 통일체다. '비물질적이고 단순하고 본질적이고 쉴 새 없이 생각하면서도 결코 지치는 법이 없는 영혼, 뇌 속에 들어앉아서 세상의 아무 것도 필요로 하지 않는 영혼'에 대한 관념을 그는 말도 안 되는 난센스라고 여긴다. 인간은 또한 몸이기도 하다. 그리고 몸으로서의 인간은 잠이 절실히 필요하다.

 인간은 마땅히 자신을 보살펴야 한다. 쇼펜하우어는 우리가 어떻게 하면 자기 자신을 좀 더 세심하게 잘 돌볼 수 있을지 항상 묻는다. 그가 추천하는 방법은 집중하기, 반성하기, 일기쓰기, 휴식하기다. 이 방법을 철저히 따르다보면 당연히 여러 사람들이 모이는 자리가 불편해질 수밖에 없다. 남들은 거추장스러우며, 나 자신에 대한 명료한 시각을 흐린다. 나의 사회적 인격은 본래적이지 못하고 가식적이다. 사회는 '사교집단'이라고 쇼펜하우어는 말한다. 비록 우리가 고슴도치들처럼 서로를 필요로 한다고 해도 인간의 '본래적 요소'는 고독이다. 하지만 자기 자신으로 가는 길을 발견하기가 그리 간단한 일이 아님은 분명하다.

우리는 정확히 자기 자신 만큼만 이룰 수 있다

자기 자신을 이해하기란 얼마나 어려운 일인지 모른다. 자신이 원래 무엇을 가장 원하는지, 자신의 행복을 위해 무엇이 일차적이고 가장 본질적인지, 그 다음으로 중요한 것은 무엇이고, 그 다음과 다음의 다음은 무엇인지 – 이것을 알지 못하는 한 우리는 무계획한 삶을 살아갈 수밖에 없다. 나침반 없는 배다.

먼 거리는, 눈에는 대상을 작게 만들지만 사고에는 오히려 크게 만든다.

비물질적이고 단순하고 본질적이고 쉴 새 없이 생각하면서도 결코 지치는 법이 없는 영혼, 뇌 속에 들어앉아서 세상의 아무 것도 필요로 하지 않는 영혼이 품은 헛된 망상은 많은 사람들을 정신 나간 짓으로 이끌고 정신력을 무디게 만든다. 예를 들어 프리드리히 대제大帝 같은 이는 아예 잠을 자지 않으려고 몹시 노력했다.

특히 어린 시절에 우리의 목표는 눈앞에 떠도는 몇 가지 이미지와 형상에 쉽게 고착된다. 그것은 종종 일생의 절반 이상을, 아니 전 생애를 따라다닌다. 하지만 그런 이미지와 형상들은 근본적으로 우리를 놀리고 조롱하는 허상에 불과하다. 마침내 목표에 도달하는 순간 연기처럼 사라지고 말 것들이다. 그때가 되면 우리는 그것들이 처음 생각했던 것과 전혀 다르다는 사실을 직접 경험하게 된다. 가정적이고, 시민적이고, 사회적이고, 목가적인 삶의 장면들은 모두가 다 그렇다. 아늑한 집이며, 주변 환경이며, 훈장이며, 공로패 따위도 마찬가지다. 아무리 바보라도 모두 저 잘난 맛에 살아가며, 사랑에 빠지면 제 애인이 제일 예뻐 보인다. 사실 이것은 지극히 자연스러운 일이다. 직관적 대상은 바로 눈앞에 보이는 것이기 때문에 개념이나 추상적 사고보다 우리의 의지에 더 가깝고 직접적이다. 개념과 추상적 사고는 우리에게 보편적인 것만을 제시할 뿐 개별적인 현실을 생생하게 보여주지 못한다. 그것은 단지 간접적으로만 우리의 의지에 작용한다. 그러나 자신이 한 말을 끝까지 지키는 것은 오직 개념뿐이다. 그렇기 때문에 교양 있는 사람은 오직 개념만을 신뢰한다.

불명료한 사고의 작용은 마치 어둠이 우리를 두렵게 만들어 사방에서 무서운 괴물들을 보게 만드는 것과 같다. 불확실성은 항상 불안을 낳기 마련이다. 그래서 오성과 판단력이 주관적 어두움에 휩싸이는 저녁이 되면 지력知力은 피로에 지쳐 사물의 근거를 철저히 따져 물을 능력을 잃는다. 이럴 때 우리가 사색하는 대상들이 우리와 직접적인 관계에 있는 것들이라면 그것은 쉽게 위험한 모습으로 나가와 우리를 두려움에 빠뜨린다. 이런 일은 대부분 밤중에 침대에 누웠을 때 일어난다. 이때는 정신이 완전히 긴장을 푼 상태여서 판단력은 제 기능을 온전히 수행하지 못하지만, 상상력은 아직 활발하다. 밤은 삼라만상을 검은 색으로 물들인다. 그래서 우리의 생각도 잠들기 직전이나 한밤중에 잠에서 깼을 땐 칠흑 같은 어둠 속을 헤맨다. 모든 것은 꿈속에서처럼 심하게 일그러지고 왜곡되어 나타나는데, 그것이 만약 개인적으로 아주 중요한 일이라면 우리는 그야말로 공황상태에 빠진다. 그러다 아침이 되면 그 모든 공포는 마치 꿈을 꾸고 난 듯이 깨끗이 사라진다. 밤은 온갖 색으로 칠해지지만 낮은 하얗다는 스페인 속담도 여기서 나왔다. 하지만 등불이 밝혀져 있다면 밤에도 오성五性의 눈은 볼 수가 있다. 물론 낮에처럼 명확하게 보지는 못한다. 그래서 이 시간에는 심각하고 불편한 문제를 사색하기에는 적합하지 않다. 그런 일에는 아침 시간이 좋다. 아침은 정신과 육체 할 것 없이 모든 능력이 다 왕성한 때다. 그것은 아침이 하루의 청소년기에 해당하기 때문이다. 이때는 모든 것이 즐겁고, 활기차고, 가볍다. 우리는 샘솟는 힘을 느끼고 우리의 모든 능력을 활용할 수 있다. 이런 시간을 늦잠으로 줄여서는 안 된다. 또 하찮은 일이나 잡담으로 흘려보내서도 안 된다. 아침은 생명의 정수로서 신성하게 여겨져야 한다. 반면에 저녁은 하루의 노년기다. 저녁이 되면 우리는 지쳐서 힘이 빠지며 수다스럽고 경박해진다.

하루하루는 작은 일생이다. 잠에서 깨어나는 것은 곧 탄생이며, 잠은 죽음과도 같이 하루의 인생을 끝낸다. 그러므로 잠자리에 들고 아침에 다시 깨어남을 통해서 우리는 매일같이 죽음과 탄생을 맛본다. 이렇게 볼 때 아침에 일어나기가 힘들고 싫은 것은 출생의 고통인 셈이다.

건강, 수면, 식사, 기온, 날씨, 환경과 같은 외적인 요소들은 우리의 생각과 기분에 강한 영향을 미친다. 그러므로 어떤 문제를 바라보는 우리의 시각이나 실제로 일을 처리하는 능력은 시간과 장소에 의해 지배당할 수밖에 없다.

혼자 있을 때 우리는 권태와 공허와 쓸쓸함을 느낀다 (그래서 하찮은 인간들은 고독을 최고의 악으로 여긴다. 반면에 정신이 풍부한 이들에게 고독은 충분히 견딜만한 것이며, 고독에 대한 인내와 애정은 개체화에 따른 몇 가지 문제를 제외하면 우리의 지적 가치를 드러내주는 올바른 척도가 된다). 이런 느낌은 이 세상에서의 삶이, 그리고 오성과 감각에 묶인 우리 의식이 지닌 본질적이고 근원적인 무가치와 초라함을 드러낸다. 노동과 고난과 궁핍은 우리에게 이 같은 삶의 공허함을 가려주는 휘장이다. 우리는 그 뒤편에 엘도라도가 있다는 믿음 속에서 고난과 궁핍의 휘장을 걷어내기 위해 쉬지 않고 노력한다. 하지만 막상 그 휘장을 걷어내고 나면 인생의 적나라한 토대, 그 황량한 모래벌판이 모습을 드러낸다. 여기서 발견할 수 있는 것이라고는 가차 없는 공허와 허무가 전부다.

우리는 스무 겹의 포장을 가까스로 풀고 난 뒤에 그 안에서 고작 조약돌 한 개를 발견한 원숭이와도 같은 신세다. 본래의 휘장을 걷고 나면 그 뒤에는 우리가 그것을 본떠서 만든 새 휘장이 나타난다. 새 휘장은 너무나도 기이한 주름들이 잡혀 있어서 이제는 그것을 헤치고 공허로 나아가는 것 자체가 몹시 힘겨운 일이 된다. 여기서 새 휘장이란 온갖 종류의 오락과 유희를 말한다. 하지만 이런 것들은 빈약한 껍데기에 불과하다. 이런 즐거움을 취하는 사람은 전보다 더 심한 부족을 느낄 뿐이며 공허함은 여전히 그 자리에 있다.

고집은 인식이 있을 자리에 의지가 들어앉은 데서 비롯된다. 이성은 예언자라 불리기에 손색이 없다. 이성은 우리에게 미래를, 지금 우리가 하는 행동의 작용과 결과를 보여준다. 그럼으로써 이성은 욕망, 분노, 소유욕이 우리를 후회의 길로 이끌어 가려 할 때 우리의 행동을 억제한다.

사람들은 누구나 고통을 견디고 행동하는 힘을 내부에 지니고 있다. 하지만 특정한 계기에 의해 그 힘이 활동을 개시하기 전까지는 이런 사실을 까맣게 모른 채 살아간다. 이는 호수에 잔잔히 머물고 있는 물에서 절벽을 떨어지는 폭포수의 광란이나 높게 솟구치는 분수의 물줄기를 미처 볼 수 없는 것이나 같은 이치다. 하지만 물은 아무리 얼음장 같이 차가워도 안에 온기를 머금고 있다.

배움은 기회가 있을 때나 가능하지만 망각은 하루 종일 쉬지 않고 진행된다. 기억은 시간이 지날수록, 그리고 쓰면 쓸수록 구멍이 넓어지는 체와도 같다. 나이를 먹을수록 새로 머릿속에 담은 기억은 빠르게 사라진다. 반면에 어릴 적에 얻은 것들은 그대로 머문다. 그래서 노인의 기억은 오래된 것일수록 또렷하고 현재와 가까운 것일수록 희미하다. 노인은 두 눈만이 아니라 기억도 먼데 것을 더 잘 보는 원시遠視다.

이따금씩, 아무런 계기도 없는 것 같은데 갑자기 오래 전의 장면이 생생하게 기억에 떠오를 때가 있다. 많은 경우 이것은 어렴풋이 예전의 어떤 냄새를 다시 맡았기 때문이다. 냄새가 옛 기억을 잘 일깨운다는 것은 널리 알려진 사실이다. 말이 나온 김에 한 마디 덧붙이자면, 눈은 오성의 감각이고, 귀는 이성의 감각이고, 냄새는 여기서 본 것처럼 기억의 감각이다. 감촉과 맛은 직접 접촉을 해야 알 수 있는 현실적인 감각으로 이데아와 무관하다.

기쁨과 고통은 표상이 아니라 욕망이 일으키는 감정이므로 기억의 영역을 벗어난다. 따라서 우리는 예전에 느꼈던 기쁨이나 고통 자체를 그대로 다시 불러낼 수 없다. 다만 그에 동반된 표상을 다시 떠올리고 그때 우리가 했던 말들을 기억해냄으로써 당시의 감정을 새롭게 가늠해볼 수 있을 뿐이다. 이런 이유로 기쁨과 고통에 대한 우리의 기억은 언제나 불완전하며, 언젠가는 사라질 것으로 우리에게 그다지 중요한 역할을 하지 못한다. 그러니 과거에 즐거웠던 일이나 괴로웠던 일을 새

삼 다시 떠올리려고 애쓰는 짓은 부질없다. 기쁨과 고통은 모두 의지에서 나온다. 그런데 의지는 본성적으로 기억과 무관하며 아무런 지적 기능도 갖지 않는다. 의지는 아무런 내용도 전달하지 않고, 단순한 표상만 담고 있다. 하지만 여기서 표상은 별로 역할을 하지 못한다. 그렇기 때문에 우리는 안 좋은 날에는 예전의 행복했던 시간을 생생하게 떠올리면서도 희한하게도 좋은 날에는 예전의 나쁜 일들이 불분명한 상태로 무심하게 그냥 방치된다.

약간의 흥분이 지나간 시간이나 장면에 대한 기억을 돕는 것은 기억의 고유한 특성에 속한다. 이런 상태에서 사람들은 과거의 일들을 정신이 말짱할 때보다 더 완벽하게 불러낼 수 있다. 반면에 흥분하거나 도취한 상태에서 한 말이나 행동에 대한 기억은 그렇지 않을 때보다 더 불완전하다. 아주 강하게 흥분한 상태에서 나온 행동은 심지어 완전히 기억에서 소멸되기도 한다. 정리하자면, 흥분은 기억력을 높여주지만 기억에 더 많은 재료를 공급해주지는 못한다.

치매는 직관에 오류를 일으키고 정신착란은 사고에 오류를 일으킨다.

건물을 짓는 노동자들이 전체 설계도를 아예 모르거나 염두에 두지 않아도 상관없듯이, 인간도 그때그때 삶의 나날들과 시간들을 충실히 가꾸어감으로써 무리없이 인생 전반의 성격을 만들어갈 수 있다. 인간의 존엄성과 개별성을 중시하고 계획적으로 행동하는 사람일수록 삶의 축소된 윤곽, 즉 인생 전반의 설계를 항상 눈앞에 그리고 있어야 한다. 그러기 위해서는 물론 "너 자신을 알라"의 기치 아래 자신이 본래 무엇을 가장 원하는지부터 먼저 알아야 한다. 자신의 행복을 위해 가장 본질적인 요소가 무엇이며 그 다음으로 중요한 두 번째나 세번째 요소는 무엇인지 알아야 하고, 자신의 직업과 역할과 세계관 전반에 대해서도 알고 있어야 한다. 스스로 욕구하는 바가 훌륭하고 의미심장한 것이라면, 자신의 인생 전반에 대한 계획을 눈앞에 그려보는 일은 다른 어떤 일보다도 더 그 사람을 강화시키고, 활기차게 만들고, 행동을 고무시키고, 탈선을 막아준다.

사람들이 가장 완벽한 일치를 이룰 수 있는 대상은 친구도 아니고 연인도 아닌 오직 자기 자신뿐이다. 개성과 상황의 차이는 크고 작은 불협화음을 일으킬 수밖에 없다. 따라서 참되고 깊은 마음의 평화와 완전한 안식은 오직 고독 속에서만 얻을 수 있다.

많은 일들은 단지 습관의 힘이 아니라 타고난 성격이 항구적이고 변하지 않는 데서 기인한다. 그에 따라 우리는 같은 상황에서 항상 같은 행동을 하게 되고, 동일한 요구가 있을 때 똑같은 일이 골백번이고 반복해서 발생할 수 있다. 반면에 습관의 힘은 게으름에서 나온다. 게으름은 우리의 지력과 의지가 힘든 일이나 골치 아픈 문제, 새로운 선택의 위험 따위에 직면하는 상황을 피하고 싶어 한다. 그래서 우리가 어제 이미 백 번도 넘게 했던 일이나, 목적 달성에 유리하단 사실을 이미 알고있는 일들만 하게 한다.

이 문제의 진실은 그러나 좀 더 심오하다. 기계적 원인에 의해 운동하는 물체에 관성의 힘이 작용하는 것과 마찬가지로 동기에 따라 움직이는 우리의 몸에는 습관의 힘이 관성처럼 작용한다.

소네트 – 바이마르 1808

긴 겨울밤은 끝날 줄을 모른다.
태양은 영영 떠오르지 않으려는 듯 머물고
바람은 부엉이와 다투어 울어대며
썩은 담벼락을 할퀸다.

열린 무덤에서 쏟아져 나온 귀신들은
영원히 치유되지 않을 공포를 안기려
내 영혼을 둘러싸고 윤무를 추지만
나는 절대로 그들을 돌아보지 않는다.
아침이여, 내 큰소리로 너를 부른다!
새벽별 저만치서 너를 알리니
밤과 귀신들은 벌써 꼬리를 감춘다.

빛이 곧 대지를 구석구석 밝히면
세상은 온갖 색채와 광휘로 뒤덮이고
깊고 푸른 기운 아득히 먼 곳을 채운다.

규칙

정신적 불안은 심장을 빠르게 고동치게 만들고, 심장의 빠른 박동은 정신을 더욱 불안에 빠뜨린다. 마음의 원망, 걱정, 불안은 생명의 활동과 몸의 작용을 방해하여 혈액순환을 악화시키고, 분비나 소화를 힘들게 한다. 반대로 심장이나 장, 신정맥, 정낭 등과 같은 신체기관의 활동이 육체적 원인으로 인해 방해를 받으면 다른 특별한 이유 없이도 마음의 불안, 근심, 변덕, 원망 등 소위 우울증이라고 부르는 상태가 발생한다. 더 심하면 분노를 참지 못하고 소리를 지르고 격한 몸짓을 하게 만들기도 한다. 하지만 이런 신체적 표현은 오히려 분노를 더 키워 조그만 틈이 벌어져도 완전히 폭발하게 만든다.

그러므로 우리를 분노하게 만드는 대상들은 오직 이성과 판단력의 눈으로 관찰하고, 냉철한 사고와 추상적 개념을 사용하서 처리해야 한다. 상상력은 배제되어야 한다. 상상력은 판단이 아닌 단순한 이미지들을 눈앞에 보여주는데, 이런 것들은 쓸데없이 마음에 고통을 줄 뿐이다. 이 규칙은 저녁마다 읽고 되새기는 것이 좋다.

예전에 겪었던 부당행위, 손상, 손해, 모욕, 상처, 냉대 따위를 절대로 다시 떠올리지 않는 것도 상상력을 적절히 통제하는 방법으로 권할 만하다. 그런 일들을 다시 생각하면 오래전에 가라앉은 분노와 불만, 미운 감정 따위가 되살아나서 마음을 혼란스럽고 탁하게 만든다. 신플라톤주의 철학자 프로클로스는 어느 도시에나 고귀하고 탁월한 사람들과 각종 천민들이 공존하듯이 어느 인간에게나 고귀하고 숭고한 본성과 천박한 동물적 본성이 공존한다고 말한다. 천박한 본성은 흥분시키거나 자극해서도 안 되고, 바깥으로 그 추한 모습이 드러나게 해서도 안 된다. 나쁜 상상은 이런 천박한 본성을 요동치게 만드는 선동가다.

근육은 쓰면 쓸수록 더욱 강해지지만 신경은 반대로 많이 쓸수록 점점 약해진다. 그러므로 근육은 적절한 긴장과 압박을 통해서 단련시키는 것이 좋지만, 신경은 최대한 긴장을 피해야 한다. 마찬가지로 눈은 너무 강렬한 빛이나 반대로 너무 흐릿한 조명 속에서 작은 물건을 지속적으로 관찰하는 일을 피해야 하고, 귀는 너무 큰 소음을 멀리해야 하며, 뇌는 지속적인 압박과 시도 때도 없는 혹사에서 보호되어야 한다. 특히 음식을 소화시키는 동안에는 뇌를 쉬게 해주어야 한다. 뇌에서 생각을 만들어내는 생명력은 소화하는 동안에는 또한 위와 장에서 열심히 소화액을 만들어내야 하기 때문이다. 이는 주요 근육들이 힘들여 일하는 동안에도 마찬가지다.

뇌의 원기회복을 위해서는 잠을 충분히 잘 필요가 있다. 뇌가 활동을 많이 할수록 잠도 그만큼 더 필요하다. 하지만 지나치게 많이 자는 것은 시간낭비에 불과하다. 양이 늘어나는 대신 강도는 떨어질 것이기 때문이다. 생각하는 것도 뇌의 신체적 기능에 따른 활동이므로 다른 신체적 활동과 마찬가지로 긴장과 휴식이 적절히 어우러져야 한다는 점을 명심해야 한다. 눈의 지나친 사용이 시력을 떨어뜨리듯이 뇌의 지나친 사용은 사고력을 떨어뜨린다. 뇌는 위가 소화 작용을 하듯 생각을 한다.

우리는 정신력을 전적으로 생리적인 작용으로 보는 습관을 길러야 하며, 그에 따라 정신을 활동시키고, 긴장과 휴식을 주어야 한다. 육체적인 고통, 압박, 무질서는 어느 부위를 막론하고 모두 정신을 심하게 자극한다는 사실을 명심해야 한다.

 우리는 언제나, 기분이 좋을 때나 나쁠 때나, 무엇을 소망할 때나 두려워서 피할 때나 항상 상상력을 적절히 통제해야 한다. 행복한 상황과 그 결실만을 상상하는 것은 현실을 더욱 견디기 힘들게 만든다. 허공에 근사한 누각을 지으려다간 나중에 극심한 좌절감으로 그 대가를 치러야 한다. 하지만 불행한 상황만을 머릿속에 그리는 것은 이보다 더 나쁜 결과를 초래한다. 발타사르 그라시안이 말했듯이, 그것은 상상력을 제 목을 자르는 형리로 만들 수 있다. 하지만 어두운 상상의 내용이 자신과 아주 멀리 떨어진 곳에서 아무거나 무작위로 가져온 것이라면 그다지 해로울 것이 없다. 몽상에서 깨어나는 순간 그 모든 것이 다 지어낸 이야기라는 걸 곧 알 수 있기 때문이다. 게다가 여기에는 비록 멀리 떨어진 곳에 있지만 언젠가 자신에게 발생할 수도 있는 불행에 대한 경고도 담겨 있다. 하지만 유익하고 어쩌고를 떠나 우리의 상상력은 무료하게 이런 가벼운 공중누각을 짓는 일에만 열중하지는 않는다. 어떤 불행이 우리를 실제로 위협할 때도 상상력은 즐겨 그 불행을 구체적인 그림으로 생생하게 그려내곤 한다. 그러면 불행은 더욱 확대되어 우리 곁으로 다가서고, 실제보다 더욱 끔찍하고 두려운 모습을 띠게 된다. 이런 몽상은 가벼운 몽상과 달리 깨어난 뒤에도 완전히 털어버리기 힘들다. 가벼운 몽상은 깨어나는 순간 현실에 의해 곧바로 제거되며, 거기에 존재할 수 있는 약간의 실현 가능성은 쉽사리 운명에게로 넘겨버릴 수 있다. 하지만 어두운 몽상에서의 깨어남은 이와 다르다. 그 가능성의 정도를 정확히 가늠할 수 없음에도 불구하고 문제는 바로 우리의 코앞에 다가서 있다. 그러면 가능성은 개연성으로 바뀌고, 우리는 두려움에 몸을 떨며 고통스러워하게 된다.

그러므로 – 좋은 일에서든 나쁜 일에서든 – 중요한 것은 우리가 실제로 삶에서 마주치고 겪는 문제들이 아니라 그것을 느끼고 받아들이는 방식과 감수성이다. 흔히 사람들은 타인의 삶에 발생하는 수많은 흥미로운 사건들을 부러워한다. 정작 부러워해야 할 것은 사건을 그토록 흥미롭게 묘사할 줄 아는 그 사람의 감수성인데도 말이다. 똑같은 사건도 천재와 만나면 더없이 흥미로운 에피소드가 되지만 둔재와 만나면 일상의 허접한 장면으로 끝나고 만다. 그러므로 외적 재화의 소유에 집착하기보다는 가볍고 즐거운 기분과 건강한 감각을 잃지 않도록 애써야 하며, 이것은 몸이 건강할 때 비로소 가능하다. mens sanain corpore sano (건강한 정신은 건강한 몸에 깃든다).

성욕과 같은 본능적 욕구의 충족은 의지의 시간에 이루어진다. 그리고 이 같은 의지가 공간 속에 제 형태와 목적을 드러낸 것이 바로 몸이다. 따라서 몸의 표현방식에 따라 욕구의 충족도 달라진다. 본능적 욕구의 충족은 몸에 대한 긍정이다. 반대로 금욕은 몸에 대한 부정이다. 가령 건강한 성기를 지녔으면서도 육체적 쾌락을 원하지 않는 것이다. 몸에 대한 긍정은 항상 정당하다. 아무리 많은 몸들이 한데 모여 있어도 하나하나의 몸은 모두 의지를 통해 긍정된다. 이 긍정은 누구에게나 정당하며, 그 때문에 타인의 비난을 사지 않는다. 타인 역시 그 자신의 의지를 통해 자기 몸을 긍정하기 때문이다.

누군가가 자기 몸을 긍정하는 가운데 타인의 몸을 부정하고 이 부정을 통해 자기 의지를 가시화시키는 지경에 이른다면, 우리는 이를 부당하다고 말한다. 이것은 비단 한 사람이 다른 사람을 잡아먹거나(식인풍습) 자신에게 방해가 된다는 이유로 남을 살해하는 경우에만 해당되는 말이 아니다. 한 사람이 다른 사람을 강요하여 제 힘을 남의 생존이나 편의를 위해 사용하게 하였을 때도 부당함이 발생한다. 내 힘은 오직 내 몸에 속하는 성질이며, 이는 내 힘이 만들어내는 재화도 마찬가지다. 이런 종류의 부당함을 가장 극단적으로 보여주는 예는 노예제도다. 하지만 소유의 불평등으로 인해 한 사람이 다른 사람을 먹여 살려야 하고 그 사람을 위해 노동력을 제공해야 하는 경우도 이런 부당함에 속한다. 예를 들어 농부는 시민을 위해 일하는데 시민은 농부의 노동을 다른 방식으로 보상하지 않거나, 보상이 이루어지더라도 매우 왜곡되고 부적절한 방식으로 이루어질 때가 그렇다. 그러므로 상속받은 재산 덕택에 무위도식하는 것은 부당하다. 자기 몸을 더 강하게 긍정하기 위해 타인의 몸, 즉 타인의 의지를 부정하는 의지적 행위는 모두 부당하다.

경험이 주는 가르침을 하나도 놓치지 않는 사려 깊은 삶을 살아가기 위해서는 자주 지난 일을 반성할 필요가 있다. 자기가 직접 겪고 행동하고 경험하고 느낀 점들을 되돌아보고, 예전에 자신이 내린 판단을 현재의 판단과 비교하고, 앞서 계획하고 노력했던 일이 어떤 성과와 만족을 가져다주었는지 평가해보아야 한다. 이것은 사람들에게 그들의 경험을 다시 읽어주는 개인교습 시간과도 같다. 경험은 본문이고, 사색과 인식은 그에 대한 주석이다. 경험은 적은데 사색과 인식만 많은 것은 어떤 책이 본문은 한 쪽에 고작 두 줄인데 주석만 40줄이 달린 것과 같다. 반대로 경험은 많은데 사색과 인식이 부족하다면 추가 설명 없이는 내용을 도무지 이해할 수 없는 츠바이브뤼켄 출판사의 책들과 비슷하다.

저녁마다 잠자리에 들기 전에 낮에 한 일들을 세심하게 돌아보도록 정한 피타고라스의 규칙도 권할만하다. 일이나 사교생활의 번잡함 속에서 지난 일들을 살피지 않은 채 오직 앞만바라보며 허겁지겁 살아가는 사람에게 명료하고 사려 깊은 삶은 불가능하다. 마음속에는 혼돈이 자리 잡고 생각은 어지럽기만 하다. 그러니 입에서 나오는 말도 두서없고 단편적이다. 대화는 길게 이어지지 못하고 짧은 가닥으로 끊긴다. 이런 형편은 외부의 불안과 영향이 커질수록, 그리고 정신의 내적 활동이 축소될수록 점점 더 심해진다.

오랜 시간이 지나 우리에게 지금 작용하는 주변여건들이 사라지고 나면 그런 외적 요인으로 인해 촉발된 기분과 감정을 다시 불러내어 새롭게 맛보는 일은 불가능하게 된다. 하지만 그와 관련하여 우리 자신이 했던 말들을 다시 기억해낼 수는 있다. 이 말들은 당시에 느꼈던 감정의 결과이고 표현이고 척도다. 따라서 중요한 시점에 나온 말들은 기념비나 종이에 기록하여 세심하게 보관할 필요가 있다. 일기장은 이런 일에 대단히 유용하다.

사교생활

 사교생활은 위험하고 퇴폐적인 경향에 속한다. 그것은 우리를 구성원 대다수가 도덕적으로 악하고 지적으로 우둔하거나 뒤틀린 인간집단과 어울리게 만든다. 비사교적 인간은 그런 무리와 어울릴 필요가 없어서 좋다.

 사회생활을 구태여 할 필요가 없을 만큼의 소유는 큰 행복이다. 왜냐하면 우리가 겪는 거의 모든 고통이 사회에서 나오기 때문이다. 사회는 건강과 함께 행복의 가장 본질적인 요소인 정신적 평온을 크게 위협한다. 따라서 상당한 정도의 고독을 받아들이지 않고서는 정신적 평온을 유지할 수 없다.

 어린아이는 단지 몇 분만 혼자 두어도 무서워서 소리지르며

운다. 그보다 좀 더 큰 아이에게 혼자 있는 것은 커다란 벌이다. 더 큰 소년이 되어도 여전히 어울려 놀기를 좋아하지만 그중 고귀한 성품을 지녔거나 생각이 깊은 아이들은 때때로 고독을 찾기 시작한다. 물론 하루 온종일 혼자 있는 것은 이런 아이들에게도 여전히 힘든 일이다. 하지만 성인 남자에게 이것은 쉬운 일이다. 그는 아주 오래 혼자 있을 수 있으며, 나이를 먹을수록 더욱 그렇다. 비슷한 세대가 대부분 사라지고 홀로 남은 노인은 이제 생의 희열이 희미해지거나 아예 죽어버린 가운데 고독의 진수를 발견하게 된다.

주변의 모든 사람들이 우리와 다른 생각을 갖고서 그에 상응하는 태도를 보일 때 이에 흔들리지 않기란 매우 힘든 일이다. 이는 우리가 그들의 잘못을 완전히 확신할 때조차도 그렇다. 바로 눈앞에 있는 직관적 대상은 쉽게 간과됨에도 불구하고 우리에게 지속적인 영향력을 행사한다. 반면에 이유를 따지고 숙고하는 일은 시간과 정숙을 요하기 때문에 아무 때나 항상 가능하지 않다. 쫓기는 몸으로 신분을 감춘 채 도망 중인 왕에게 충직한 수행자가 바치는 은밀한 충성과 복종은 비록 눈에 잘 띄지 않더라도 커다란 힘이 되어 왕이 끝까지 좌절하지 않도록 돕는다.

대도시에서 흥청망청 살아가는 것(사교생활!)은 행복에서 멀어지는 지름길이다. 그런 생활을 통해서 사람들은 자신의 보잘것 없는 실존을 즐거움과 만족과 향락의 연속으로 바꾸어보려 애쓴다. 그러나 늘 반복되는 지루한 패턴과 사람들의 너나할 것 없는 거짓된 태도는 실망과 좌절을 피할 수 없게 만든다. 세상 사람들 여섯 명 중 다섯이 건달이거나 바보멍청이라면 나머지 한 사람이 살아가는 기본방식은 가능한 한 다른 사람들을 멀리하는 은둔생활일 수밖에 없다. 그러자면 이 세상이 사람들과의 교류를 기대할 수 없는 외딴 황무지라는 확신을 받아들이고 몸에 익혀야 한다. 벽은 우리의 시선을 가로막고 제한한다. 탁 트인 시야를 원한다면 긴 복도로 눈을 돌리거나 아예 들판으로 나가야 한다. 마찬가지로 사람들과의 교류는 내 정신을 비좁게 구속하며, 고독이 그것을 다시 확장시켜 준다. 조르다노 브루노에 따르면 진리를 구하여 마침내 거기에 도달한 사람은 천박하고, 흔해빠졌고, 예의 바르고, 통속적인 인간에서 사슴이나 원시인과도 같은 자연인으로 탈바꿈한다고 한다. 이 세상에서 더 높은 차원의 삶을 누리고자 했던 사람들은 하나같이 이렇게 말한다.

클라이스트와 실러도 그렇게 말했다. 참된 인간은 사람들을 멀리한다고. 이처럼 철저히 천박한 세상에서 비천하지 않은 사람은 필연적으로 자신을 고립시킬 수밖에 없으며 실제로도 그렇게 한다. 사람들의 무리에서 멀리 벗어날수록 그의 상태는 점점 더 좋아진다. 아무리 배가 고파도 독초를 먹을 수는 없듯이, 아무리 사회적 욕구가 강해도 세상 사람들과 함부로 어울려서는 안 된다. 사람들과 어울리고픈 욕구를 충동질하는 것은 자신에 대한 염증과 권태다. 그러므로 스스로 충분히 많이 소유하여 이런 충동에 넘어가지 않는 것은 흔치 않은 큰 복이다.

우리는 마땅히 사람들을 사랑해야 한다. 참으로 어려운 과제다!

모든 사회는 필연적으로 상호적응과 조율을 필요로 한다. 따라서 규모가 클수록 그 사회는 더욱 무미건조하기 마련이다. 사람은 오직 혼자 있을 때만 자기 자신이 될 수 있다. 고독을 사랑하지 않는 사람은 자유 또한 사랑하지 않는다. 사람은 오직 혼자일 때만 자유로울 수 있기 때문이다. 강요는 어느 사회에나 필연적으로 동반된다. 또 사회는 개인의 희생을 요구한다. 고유한 개성이 강하고 중요할수록 희생의 상처는 더욱 깊어진다. 은둔적 삶은 마음의 평온에 더 없이 크고 좋은 영향을 미친다. 그것은 우리로 하여금 남들의 눈에 비친 삶, 남들의 하찮은 의견을 끊임없이 고려해야 하는 삶에서 벗어나게 해주고, 우리에게 우리 자신을 되돌려준다.

 모든 유럽 언어들에 공통적으로 사용되는 단어 'Person'이 개별적인 인간을 지칭하는 말로 쓰이게 된 것은 참으로 적절하다. 원래 'persona'는 연극배우들이 쓰는 가면을 뜻한다. 연극배우는 가면을 통해 자기의 본모습을 감추고 주어진 역할을 수행한다. 사실 사회생활 전체가 끝없이 계속되는 연극이다. 이 연극은 높은 정신을 지닌 사람들에게는 식상하고 무료 하지만 그렇지 않은 이들에게는 아주 즐겁고 재미있다.

 고귀한 본성을 지닌 사람일수록 고독하기 마련이며, 이는 본질적이고 피할 수 없는 일이다. 이런 사람은 물리적 고독과 정신적 고독이 일치할 때 가장 행복하다. 그렇지 않은 경우 온갖 이질적인 사람들의 무리는 그를 방해하고 피곤하게 만든다. 뿐만 아니라 사람들은 그를 적대시하고 심지어 그에게서 자아를 강탈해간다. 그러고는 그것을 대신할 아무 것도 주지 않는다.

 우정, 사랑, 결혼 따위가 아무리 사람들을 가깝게 묶어준다고 해도 결국 각자의 머릿속에는 오직 자기 자신과 고작해야 자기 자식 밖에는 들어있지 않은 게 사실이다.

잘 있거라 높은 산 깊은 계곡아

내 그토록 너를 경탄하였건만

숱한 나날 네 속을 홀로 거닐었건만

나 이제 굳은 표정으로 떠난다

쓸쓸이 사람들 곁으로.

고슴도치

고슴도치 무리는 추운 겨울이 오면 얼어 죽지 않도록 서로 온기를 나누려고 최대한 가까이 밀착한다. 하지만 곧 상대방의 가시가 따가워 다시 떨어진다. 온기에 대한 욕구는 그들을 다시금 밀착시키지만 두 번째 문제가 또 발생한다. 이렇게 고슴도치들은 두 가지 고통 사이를 이리저리 오가다가 마침내 고통을 가장 잘 참아낼 수 있는 적절한 간격을 발견한다. 이와 마찬가지로 자기 내부의 공허와 단조로움에서 생겨난 사회적 욕구는 사람들을 서로 가까이 밀착시키지만, 그들의 혐오스러운 속성과 참을 수 없는 짓거리들은 사람들을 다시 서로에게서 멀어지게 한다. 그들이 마침내 찾아낸 견딜만한 중간 간격은 예절과 공손함이다. 이 간격을 지키지 않는 사람에게 영국인들은 이렇게 말한다. "Keep your distance! 이런 거리 탓에 서로 온기를 나누고픈 욕구는 완전히 충족되지 못하지만 그 대신 가시에 찔리는 아픔도 없다. 그러나 자기 내부에 온기가 충분히 많은 사람은 차라리 무리에서 멀리 떨어져서 아무런 고통도 주고받지 않는 편이 낫다.

사랑하고, 낳고, 결혼하기

만물의 핵
여자라는 현상
요조숙녀
일부다처 찬양

쇼펜하우어의 인간관 중심에는 성충동이 자리 잡고 있다. 모든 인간들은 오직 한 가지 생각뿐이다. 쇼펜하우어는 근대 철학자로서는 처음으로 이점을 분명하게 말했다. 그에게 성은 '의지의 발화점'이고, 육욕은 '만물의 핵'이다. 우리가 사랑이라고 부르는 것은 종족보존을 위한 작용에 불과하다.

이런 말은 너무 메마르게 들리지만 환상을 막아주기는 한다. 반면에 여자들에 대한 쇼펜하우어의 험담은 훨씬 더 다채롭고 풍성하다. 그는 여자들을 정말 싫어했다. "어깨는 좁고엉덩이만 펑퍼짐한 이 땅딸막한 숏다리 족속을 아름답다고 말하는 것은 오직 남자들의 지성이 성충동으로 흐려진 탓에 가능하다. 여성의 모든 아름다움은 바로 이 본능에서 나온다." 여자와 관련해서 쇼펜하우어에게는 어떤 문제가 있는 게 분명해 보인다.

 문제는 글쓰기에만 있지는 않았다. 그의 실제 여자관계도 위태롭기 짝이 없다. 다 정해진 결혼 계획은 막판에 취소되고, 애인과 깨지고, 결혼하지 않고 낳은 두 자녀는 일찍 죽고, 침모와의 스캔들은 만천하에 공개된다. 정말로 이 철학자는 여자들과 쉽지 않았고 여자들도 그와 쉽지 않았다. 이런 운명에 대해 그는 책상머리에 앉아 사나운 남성 판타지로 복수한다. "남자는 여자들만 충분히 제공된다면 일 년에 자식을 백 명도 넘게 낳는 것쯤은 식은 죽 먹기다." 아폴론적이고 남성적인 영웅의 이상에 부합하지 않는 모든 특징들을 쇼펜하우어는 다른 성에 투사한다. 여성은 원칙적으로 빗나간존재, '본래적인간인 남자와 아이의 중간 단계의 일종'으로서 사유된다. 특히 그는 이른바 '요조숙녀'들을 상대로 처절한 전투를 벌인다. 이 '유럽 문명이 낳은 괴물'을 그는 시민적 사교 문화의 상징으로서 공격한다. 이런 증오심 뒤에 감추어진 대상이 그의 어머니라는 사실을 그의 전기에서 발견하기란 어려운 일이 아니다. 쇼펜하우어의 친모는 당대의 살롱 문화를 지배하던 여성 중 한 사람이었다.

 쇼펜하우어가 여성 문제에 미친 영향은 결코 과소평가될 수 없다. 프리드리히 니체와 오토 바이닝거는 이 문제에서 그의 추종자였고, 오늘날까지도 소위 극보수에 속하는 많은 남자들과 심지어는 유명한 여류 저널리스트들 조차도 그의 말과 생각을 답습하고 있다. 정말 믿기 힘든 일이지만 그럼에도 우리가 그의 지독한 여성 혐오를 소개하는 이유는, 그것을 배제하고는 쇼펜하우어의 인간과 작품을 제대로 이해할 수 없기 때문이다. 쇼펜하우어에게는 불교에 경도되고 동정심을 말하는 온유한 사상가의 모습과 거칠고 무례한 독설가의 모습이 모두 담겨 있다. 그는 여자들을 향해 쉬지 않고 독설을 퍼부었지만 또 한편으로는 마르지 않는 갈망으로 그들을 원했다. 그는 일부다처주의자를 자처했고 적어도 이론적으로는 그에 부합하게 행동했다. 위대한 사상가치고는 대단히 독특한 경우임에 틀림없다!

만물의 핵

　자비와 사랑, 이것이 심심에 자리 잡고서 서로에게 작용한다면 두 남녀는 행복한 결혼생활을 영위할 수도 있다.

　성충동에서 비롯된 고집스런 마음은 도깨비불처럼 반짝이며 우리를 현혹한다. 우리는 그것이 진짜인 줄로 착각하고 그 뒤를 따르다가 결국 늪에 빠져 죽고 만다.

　생의 의지를 단순히 자기 자신을 보존하기 위한 충동으로써 설명한다면 이는 개별적 실존을 단지 그 자연적 지속 시간의 범위 안에서만 긍정하는 일이 된다. 이렇게 제한된 삶에 소요되는 노고와 근심은 그리 크지 않을 터이므로 실존은 가볍고 즐거울 수 있다. 하지만 의지는 생명을 온전히, 모든 시간에 걸쳐 욕구한다. 그것은 세대를 이어가며 끝없이 존재하는 성충동으로써 나타난다. 이 충동은 단지 개별적 존재에 동반되는 근심 걱정을 모르는 쾌활함과 순진무구함을 없애고 의식에는 불안과 우울을, 생활에는 고난과 근심과 궁핍을 가져온다.

이에 상응하여 성은 인간의 세계에서 중요한 역할을 수행한다. 성은 모든 행동과 욕망의 보이지 않는 중심으로 작용하며, 아무리 베일로 겹겹이 가리고 감추어도 사방에서 제 모습을 드러낸다. 성은 전쟁의 원인이자 평화의 이유이고, 진지함의 출발점이자 가벼운 유희의 종착점이며, 재치의 마르지 않는 원천이며, 비유와 은유를 푸는 열쇠이며, 모든 은밀한 손짓과 입 밖으로 표현되지 않은 제안과 힐끔거리는 시선의 진짜 의미이며, 젊은이나 늙은이 할 것 없이 모두가 매일 같이 혼신의 노력을 쏟아붓는 일이며, 방탕한 자들을 몇 시간씩 고민하게 만드는 생각이며, 순결한 자들이 자기 의지와 달리 끊임없이 빠져들게 되는 공상이다. 성은 그 기저에 깔린 너무나도 깊은 진지함 탓에 시대를 막론하고 농담과 유머의 가장 좋은 소재가 된다.

모든 인간들의 이 같은 주된 용무가 겉으로는 최대한 외면된 채 은밀하게 이루어진다는 사실은 세계의 외설스럽고 우스꽝스러운 면을 여실히 드러낸다. 실제로 사람들은 매 순간 그것을 세계의 본래적이고 세습적인 지배자로 간주하여, 절대 권력자로서 옥좌에 앉힌다. 그러고는 그것을 묶고, 가두고, 최대한 가리고, 마치 인생에서 하찮은 일에 불과한 것처럼 보이게 만들려고 애쓰는 이들에게 경멸에 찬 눈초리를 보낸다.

이 모든 것은 성충동이 생의 의지 한가운데 자리 잡은 핵이며 모든 욕구의 응집체라는 사실과 일치한다. 그래서 나는 성기를 의지의 발화점이라 부른다. 인간은 구체화된 성충동이라고 밀힐 수 있다. 그의 탄생은 교접행위이며 그가 가장 바라는 것도 교접행위이다. 오식 이 충동민이 인간의 온전한 실존을 뿌리내리고 유지시켜준다.

인간의 의지는 동물의 의지와 정확히 똑같은 목적을 갖는다. 음식을 섭취하고 자식을 낳는 일이다. 하지만 이 목적을 위해 인간은 얼마나 복잡하고 인위적인 장치와 수단을 마련하는가. 얼마나 많은 지력과 숙고와 세련된 추상화를 필요로 하는가. 심지어는 비천한 삶을 하루하루 이어나가는 데조차도 그런 노력을 들인다. 하지만 이 모든 게 똑같은 목적을 위한 것이고 마침내 도달한 곳도 동물과 똑같다.

번식행위는 어느 시대를 막론하고 모든 사람들이 마음속으로 부끄러워하고 감추고 싶어하는 행동이다. 그 짓을 하다가들키느니 차라리 범죄를 저지르다 들키는 게 더 나을 지경이다. 하지만 이런 행동을 지속적으로 실행해야지만 인간 족속의 삶과 보존이 가능하다. 너무 무미건조한 지적일 수도 있다. 하지만 내 철학을 전체적으로? 특히 성적 쾌락의 모순과 관련하여 - 이보다 더 강력하게 뒷받침해주는 사실을 나는 알지 못한다.

저와 같은 세계의 내적 본성, 내가 생의 의지라고 부르는 저 물자체를 어디서 가장 가까이 들여다볼 수 있을지, 어디서 저 본성을 가장 명확하게 인식할 수 있을지, 자기 자아의 가장 순수한 드러남을 어디서 관찰할 수 있을지 누가 내게 묻는다면, 나는 성행위의 쾌락을 보라고 답할 것이다. 바로 이것이다! 이것이 만물의 참된 본성이고 핵이다. 모든 존재의 목표이자 목적이다.

사랑에 빠지는 것은 그것이 제아무리 천상의 향기 속에서 이루어졌다 해도 오로지 성충동에 근거한다. 단지 더 자세히 규정되고, 특화되고, 개별화된 성충동에 불과하다. 여기에 천착하여 성애의 암시와 뉘앙스가 비단 연극과 소설 속에서 뿐만 아니라 현실세계에서 어떤 엄청난 역할을 하는지 한 번 들여다보라. 성충동은 생에 대한 애착과 함께 가장 강력하고 활동적인 본능으로서 인류가 지닌 모든 힘과 사고의 절반 이상이 거기에 바쳐지고 있다. 그것은 거의 모든 인간적 노력의 최종적 목표이고, 중요한 문제들에 끊임없이 부정적인 영향을 행사하고, 매순간 진지한 작업을 망가뜨리고, 이따금씩 위대한 인물을 혼돈으로 몰아넣고, 국가지도자들 간의 협상이나 학자들의 연구를 방해하여 공든 탑을 무너뜨리기를 서슴지 않으며, 연애편지나 머리카락을 공문서나 철학 논문 속에 교묘히 집어넣고, 혼란스럽고 불행한 불화기 매일같이 끊이지 않게 하고, 더없이 소중한 관계를 해체시키고, 강한 유대의 끈을 끊어버리고, 어떤 때는 생명과 건강을 또 어떤 때는 부와 지위를 희생 제물로 삼으며, 솔직하고 성실한 사람을 한 순간에 비양심적인 파렴치한으로, 충직한 사람을 배반자로 만들어버린다. 한 마디로 말해서 성충동은 모든 것을 뒤바꾸고, 혼란에 빠뜨리고, 전복시키는 악의에 찬 악령으로서 등장한다. 이런 모습들을 보면서 우리는 묻게 된다. 도대체 무엇 때문에 이 난리들인가? 그렇게 헐떡거리고 미쳐 날뛰고 두려움에 떨고 굶주려하는 이유가 뭔가? 그건 그냥 갑돌이가 갑순이를 찾는 문제일 뿐인데 말이다. 이렇게 사소한 일이 어째서 그토록 중요한 역할을 하며, 잘 정돈된 인류의 삶에 끊임없이 훼방과 혼란을 가져와야 하는 것일까?

하지만 진지한 탐구자에게 진리의 빛은 서서히 그 답을 드러낸다. 이것은 결코 사소한 문제가 아니다. 문제의 중요성은 그 행위의 열정과 진지함에 결코 뒤지지 않는다. 신분고하를 막론하고 모든 애정행위의 궁극적인 목적은 인간의 삶이 지닌 다른 모든 목적들보다 더 중요하며, 따라서 그토록 깊은 진지함이 뒤따를 가치가 충분하다. 이 행위가 이어지는 세대의 존속 여부를 결정하는 한 그렇다.

개인적 의식에 이성異性의 특정한 대상을 향하지 않은 보편적 성충동으로 나타나는 것, 그것은 생의 의지가 현상하는 개체적 삶의 외부에 제 스스로 존재한다.

두 연인의 점점 더 커가는 사랑은 그들이 생산할 수 있고 또 그러기를 원하는 새로운 개체의 생에 대한 의지다. 두 사람의 간절한 눈빛이 만나면 새로운 생명은 뜨겁게 불타올라 조화롭게 잘 빚어진 미래의 개체로서 자신을 드러낸다. 두 연인은 하나의 존재로 합쳐지는 참된 일치와 융합에 대한 갈망을 느끼며, 오직 그와 같은 존재로서 존속하기를 간절히 원한다. 이 같은 바람은 그들이 생산한 개체 안에서 비로소 실현된다. 그 안에서 두 사람의 유전적 특성들은 하나의 존재로 융합되어 계속 살아남는다.

남자의 애정은 만족을 얻은 순간부터 눈에 띄게 식어간다. 거의 모든 다른 여자들이 그가 이미 소유한 여자보다 더 그를 자극한다. 그는 상대를 바꾸고 싶어한다. 여자의 애정은 반대로 그 순간부터 더 뜨거워진다. 이것은 종족을 보존하고 최대한 개체를 늘리려는 자연의 목적이 작용한 결과다. 남자는 여자들만 충분히 제공된다면 일 년에 자식을 백 명도 넘게 낳는 것쯤은 식은 죽 먹기다. 반면에 여자는 아무리 많은 남자들과 지내도 자식은 일 년에 단 한 명밖에 (쌍둥이 출산을 제외하고) 낳지 못한다.

처음 만난 젊은 두 남녀가 서로를 관찰할 때 의식하지 못한 가운데 드러내는 깊은 진지함에는 아주 독특한 점이 있다. 서로에게 던지는 철저한 탐구의 시선, 상대의 인간적 특성과 부분들을 하나도 놓치지 않으려는 세심한 검사. 이 같은 탐구와 검사는 종족의 정령이 두 특성의 조합과 여기서 생겨날 개체에 대해서 명상하고 있음을 의미한다. 이 명상의 결과에 따라 두 사람이 서로에게 느끼는 호감과 서로에 대한 갈망의 정도가 결정된다.

여자라는 현상

고귀하고 완벽한 존재일수록 성숙도 더 느리고 더디다. 남자는 스물여덟 살이 될 때까지 이성과 정신력이 계속 성숙하는 반면에 여자의 성숙 과정은 열여덟 살이면 다 끝난다. 그러나 대부분의 이성은 그 이후에 비로소 성숙한다. 그래서 여자들은 평생을 어린아이로 머문다. 항상 코앞에 있는 것밖에 보지 못하고, 언제나 현재에만 집착한다. 겉으로 드러난 모습을 실체로 여기고, 중요한 용무보다 사소한 것을 더 좋아한다. 이성은 인간으로 하여금 동물과 달리 단지 현재 안에서만 살아가지 않고 과거와 미래를 살피고 생각할 수 있게 해준다. 인간 특유의 조심성, 걱정, 불안은 모두 여기서 나온다. 이것은 인간에게 장점도 되고 단점도 되지만 여자들은 이성 능력이 취약한 탓에 그와 같은 장단점의 영향을 거의 받지 않는다.

여자는 정신적 근시안이다. 직관적 오성을 통해 가까운 것은 비교적 또렷하게 보지만, 시야가 비좁아서 먼데 것은 눈에 들어오지 않는다. 그래서 여자들에게는 현재 자리에 없는 것, 지나간 것, 앞으로 올 것 따위가 모두 우리에게서보다 훨씬 약하게 밖에 작용하지 못한다. 그네들에게 자주 나타나는, 종종 광적일 정도로 심한 낭비벽도 여기에 기인한다.

여자들은 남자들의 운명이 돈을 벌어오는 것이라면 자신들의 운명은 그 돈을 펑펑 써대는 것이라고 진심으로 믿는다. 적어도 남편이 죽은 뒤에는 확실히 그렇고, 살아있는 동안에도 상당히 그렇다.

여자들을 이성의 울타리 안에 가두어 두기란 두려움을 통한 방법 외에는 불가능하다. 만약 결혼을 한 경우라면 그렇게 해서라도 그네들을 울타리 안에 가두어두어야 한다. 결혼을 하면 남자들은 온갖 좋은 것들을 그네들과 나누어야 하는데, 이때 사랑의 행복은 남자들이 권위를 통해 이루어낸 모든 것을 한순간에 잃게 만들 수 있기 때문이다. 실제로 영국에서 발생하는 모든 금전 관련 범죄의 절반 이상은 부부들 사이에서 저질러진다.

인간 종족을 번창하게 만드는 일은 자연이 젊고 강하고 아름다운 남자들에게 부과한 사명이다. 인간 종족이 멸종하지 않는 것은 자연의 확고한 의지이며, 이 의지의 표현이 바로 여자들의 뜨거운 열정이다. 이것은 - 그 역사와 힘에 있어서? 다른 모든 것에 우선하는 법칙이다. 그러므로 여기에 맞서 자신의 권리와 이익을 주장하는 자에게 화 있을진저! 그가 무슨 말을 하고 어떤 행동을 하든 상관없이 그의 권리와 이익은 단 한 번의 계기만 주어져도 완전히 초토화되고 만다. 여자들의 은밀한 - 말해지지도 의식되지도 않지만 날 때부터 이미 주어진 - 선험적 도덕률은 이렇다. '우리는 우리의 개체를 쥐꼬리만큼 돌봐준다는 이유로 종족 전체에 대한 권리를 주장하려고 드는 저 남자들을 기만할 권리가 있다. 종족의 자질과 안녕은 우리가 낳을 다음 세대를 통해서 우리의 손에 맡겨졌다. 우리는 이 일을 조심스럽게 수행해나가고자 한다.' 게다가 여자들은 이 같은 지고의 사명에 대한 추상적 개념이 없고 단지 구체적인 방식으로밖에 의식하지 못한다. 그래서 그것을 표현하는 방법도 기회가 생길 때마다 행동으로 보여주는 것 말고는 없다. 이럴 때 그들의 양심은 대부분의 경우 우리가 생각하는 것보다 훨씬 더 편안하다. 왜냐하면 그들은 개체에 대한 의무를 저버리고서라도 종족에 대한 의무를 더욱 잘 수행하는 것이 자신들의 무한히 더 큰 권리라는 사실을 마음속 어두운 심연으로부터 의식하고 있기 때문이다.

남자들 사이에는 본성적으로 무관심이 흐른다. 그러나 자연은 여자들 사이에 적대감을 심어놓았다.

어깨는 좁고 엉덩이만 펑퍼짐한 이 땅딸막한 숏다리 족속을 아름답다고 말하는 것은 오직 남자들의 지성이 성충동으로 흐려진 탓에 가능하다. 여성의 모든 아름다움은 바로 이 본능에서 나온다. 사실 여자들은 전혀 미적인 족속이 아니다. 음악, 시, 조형예술의 분야에서도 그네들은 참된 감각과 감수성을 지니지 못하고 단지 아양을 떨기 위해 그런 척 흉내만 내며 허세를 부릴 뿐이다.

요조숙녀

서양에서 소위 '숙녀'라고 불리는 여자들이 누리는 높은 위상은 완전히 잘못되었다. 예로부터 열등한 성으로 인식되어온 여자는 우리의 존경과 숭배의 대상이 되기에 적절치 못하며, 남자보다 높은 지위에 오르거나 남자와 동등한 권리를 가질만한 존재가 절대로 아니다. 이처럼 '잘못된 위상'이 초래한 결과를 우리는 도처에서 똑똑히 볼 수 있다. 그러므로 유럽에서도 이런 제2의 성에게 그들의 자연스러운 위치를 되돌려주는 것은 매우 바람직하다. 그리고 아시아에서뿐만 아니라 고대 그리스와 로마에서도 분명히 웃음거리가 되었을 이 숙녀라는 괴상한 존재에 그만 종지부를 찍어주는 것은 사회적, 시민적, 정치적 관점에서 더 없이 유익한 결과를 가져올 것이다.

우리들 대부분은 언제나 - 혹은 최소한 얼마 동안은 - 일부다처로 살아간다. 남자에게는 누구나 많은 여자가 필요하다. 그러므로 그에게 자유롭게 내맡겨진, 아니 그가 책임져야 하는 수많은 여자들을 모두 보살피는 것은 지극히 정당한 일이다. 그럼으로써 여자들에게도 한 단계 아래에 위치한 자신들의 올바르고 자연스러운 위상을 되돌려주어야 한다. 그리고 유럽문명과 기독교 게르만의 어리석음이 만들어낸 이 숙녀라는 괴물도 존경과 숭배를 바라는 그네들의 우스꽝스러운 요구와 함께 이 세상에서 추방시켜야 한다. 이제 유럽은 오직 자연스러운 여자들, 더 이상 불행하지 않은 여자들로만 가득 채워져야 한다.

유럽의 숙녀는 원래 있어서는 안 될 존재다. 마땅히 있어야 할 존재는 집안의 안주인들과 그렇게 되기를 바라는 처녀들이다. 그러므로 여자들에게 교육시켜야 할 것은 오만이 아니라 집안일과 복종심이다.

일부다처 찬양

우리처럼 일부일처제의 나라들에서 결혼이란 권리는 반으로 줄어드는 반면 의무는 두 배로 늘어나는 것을 의미한다. 하지만 법률적으로 여자들에게 남자와 똑같은 권리가 허락될 수 있으려면 최소한 그 법률이 여자들에게 남성적 이성도 부여할 수 있어야 한다. 만약 법률이 여자들에게 그네들의 자연스러운 조건을 초과하는 권리와 명예를 부여해준다면, 그로써 실질적인 혜택을 볼 여자들은 소수에 그치는 반면 나머지 모든 여자들은 자연스러운 권리의 많은 부분을 빼앗기게 된다. 일부일처제와 그에 따른 결혼 관련 법률은 부당하게도 여자들을 남자와 완전히 동급으로 봄으로써 그네들에게 자연에 반하는 유리한 위상을 부여하였다. 그 결과 생각 있고 조심스러운 남자들은 근심과 걱정 속에서 커다란 희생을 감수하고 불공평한 타협책을 선택하지 않을 수 없었다. 그래서 일부다처제의 나라들에서 여자들은 항상 적절한 보살핌을 받는 반면에 일부일처제의 나라들에서는 결혼하는 여자들의 수가 크게 줄어들어 수많은 여자들이 의지할 데 없는 신세가 되고 만다. 이런 여자들은 상층계급에서는 쓸모없고 늙은 노처녀로서 살아가고, 하층계급에서는 여자의 몸으로 감당하기 힘든 노동에 내몰리거나 화류계 여성으로 기쁨도 명예도 없는 삶을 영위하게 된다. 하지만 이 같은 상황에서 화류계의 여자들은 남성의 욕구를 충족시키기 위해 필요한 존재로서 공인된 신분을 얻는다. 또 이들은 이미 남자를 찾았거나 앞으로 그렇게 될 꿈에 부푼 행복한 운명의 여자들을 유혹에서 지켜주는 특별한 목적에도 기여한다. 이런 화류계 여성은 런던에만 8만 명이 넘는다. 일부일처제로 인해 끔찍하게 피해를 당하는 이 여자들이야말로 일부일처의 제단에 바쳐진 실질적인 인간제물이 아니던가?

전체적으로 볼 때 여성을 위해서 실제로 더 좋은 제도는 일부다처제다. 또 합리적인 견지에서도 남자는 자기 아내가 만성적 질병에 걸렸거나 임신을 하지 못하거나 너무 나이가 많아졌을 때 두 번째 아내를 맞지 않을 이유가 없다. 모르몬교로 개종하려는 사람들이 줄을 잇는 것도 이런 반자연적인 일부일처제에 맞서려는 노력과 무관하지 않아 보인다.

우리가 시행하는 일부일처제의 이런 측면과 관련하여 철학자 토마지우스의 논문 『후처론de concubinatu』은 꼭 한 번 읽어 볼 만한 책이다. 인류의 전 시대에 걸쳐 모든 문화적 민족들에서 – 루터의 종교개혁 이후 유럽은 제외 – 일부다처는 법으로 허용된, 전혀 불명예가 아닌 제도였다. 그러던 것이 루터의 종교개혁 때 성직자의 결혼을 정당화하기 위한 수단으로 악용되었고, 가톨릭 진영은 이를 그냥 두고 보지 않았다. 일부다처제는 옳고 그름을 놓고 다툴 것이 아니라 도처에 이미 존재하는 사실로서 받아들이고 그 운용을 논해야 할 문제다. 세상에 진짜 일부일처주의자들이 도대체 어디에 있단 말인가? 이 점에서 모르몬교도들은 전적으로 옳다.

단계

어린 시절에 바치는 시
늙는다는 것
그 이후에 오는 것

지각을 갖춘 인간의 싹, 즉 인식과 경험의 '범주들'은 어린 시절에 움튼다. 인생의 여정을 바라보는 쇼펜하우어의 시선은 그 시작에서부터 종착점까지 가는 동안 내내 팽팽한 긴장을 늦추지 않는다. 그에게 어린 시절의 본질적 특징은 꾸밈없는 경험과 순수한 직관이다. 그의 글에는 이 시기에 대한 '동경'이 자주 나타난다. 하지만 그의 어린 시절은 '시적인' 것과는 전혀 동떨어진 시기였다. 아버지는 항상 여행 중이었고, 어머니는 자식을 속박으로 여기는 여자였다. 어린 아르투어는 늘 혼자였다. 그리고 기억은 제 나름의 규칙에 따라 내용을 만들어내는 성질을 지니고 있다.

"젊은이에게 인생은 영원할 것 같지만, 노인의 눈에는 너무나도 짧은 과거일 뿐"이라고 쇼펜하우어는 말한다. '오페라글라스를 대물렌즈를 통해서 볼 때와 접안렌즈를 통해서 볼 때'의 극명한 대비는 인생을 처음부터 끝까지 관찰하는 것이 그 방식에 따라 얼마나 차이가 날 수 있는지 잘 상상하게 해준다. 이런 인생에 우리는 '죄 없는 범법자'로서 살아가도록 처벌받았다. 우리는 자신의 판결문 내용을 인생 자체를 통해서 비로소 알 수 있다. 나중에 프란츠 카프카는 『유형지에서』라는 제목의 소설에서 이 생각의 처절한 결말을 확실하게 보여준다.

쇼펜하우어는 노년기를 인생의 결정석인 난세로서 옹호한다. 욕구와 더불어 의지의 권력도 소멸된다. 하지만 이것은 노년에 이른 인간에게 주어진 기회이기도 하다. 건강이 뒷받침되는 한 그는 고통에서 자유로운 행복한 삶을 살아간다. 그 다음으로 마지막 순간이 오면 죽음은 그에게서 지력의 세계, 표상의 우주를 거두어간다. 그러나 의지는 남는다. 시간의 바깥에서 의지는, 비록 개체가 해체되더라도 계속해서 존재한다. '죽음을 극복하는 것은 의식이 아니라 의식을 통해서 만들어진 어떤 것이다. 그것은 생이 아니라 생의 원칙이며, 생은 그것의 현상일 뿐이다.' 종말은 없다. 죽음 이후에 오는 것은 생 이전에 있었던 것과 똑같다.

어린 시절에 바치는 시

　　　　　나는 가끔씩 어린아이들은 죄 없는 범법자라는 생각이 든다. 그리고 그들에게 내려진 벌은 죽음이 아니라 삶이다. 하지만 그들은 자신의 판결 내용을 아직 모른다.

　어린 시절의 경험과 사귐은 나중에 얻게 되는 모든 인식과 경험에 지속적으로 작용하는 유형과 틀, 즉 인식과 경험의 범주들을 형성한다. 비록 명확히 의식하지 못하더라도 말이다.

　어린 시절에 대한 생생한 기억에서 나는 내 안에 어떤 변하지 않는 것, 시간과 함께 앞으로 나아가지 않는 어떤 것이 있음을 느낀다.

우리의 어린 시절은 현재에도 계속 낭독되고 있는 시다. 시의 본질은 다른 모든 예술과 마찬가지로 욕구에서 벗어난 순수하고 객관적인 인식에 있다. 시는 이런 인식을 통해서 개별적 사물의 이데아, 즉 모든 다양성 속에 존재하는 공통된 본성을 파악한다. 그러므로 여기서 모든 개별자는 종種의 대리자가 되고, 하나의 경우는 서로 다른 수천수만의 다양성에 적용된다. 어린 시절의 장면을 떠올릴 때 우리는 현재의 욕구와 관련된 그 시절의 특정한 개별 사건이나 대상에 관심을 두는 것처럼 보이지만 실제로는 그렇지 않다. 거기서도 생은 총체적 의미를 띠고서 새롭고 활기찬 모습으로 등장한다. 반복을 통해 흐릿하게 무뎌진 인상 따위는 찾아볼 수 없다. 우리는 완전히 그 시절로 되돌아가서 진짜 어린아이로 행동하는 가운데? 아무런 의도 없이 – 당시의 개별적인 장면과 사건들 안에서 생의 본질을, 생이 형성되고 표현되는 기본유형을 파악하는 데 열중한다. 우리가 지닌 세계관의 가장 확고한 토대, 즉 어린 시절에 이미 다 형성되어 나중에는 실행되기만 할 뿐인 그 세계관의 바탕이나 깊이는 바뀌지 않는다.

어린 시절에 만들어지는 생각은 본성상 순수하게 객관적이며, 따라서 시적이다. 이는 어린아이들의 의지가 아직 제 힘을 완전히 발휘하지 못하기 때문이다. 그 덕택에 어린아이로서 우리의 행동은 욕구보다는 순수한 인식에 더 맞추어져 있다. 그래서 라파엘은 천사들에게 어린아이들의 이런 진지하게 응시하는 눈망울을 부여하였다. 또 그래서 어린 시절은 항상 그렇게 기쁨에 넘치고, 그 시절에 대한 기억은 동경으로 가득하다. 교육은 항상 우리에게 개념을 가르치려고 애쓴다. 하지만 개념은 본질적이지 않다. 본질적인 것은 오히려 모든 인식의 기저에 깔린 바탕이고 정신이다. 인식의 참된 실체다. 세계에 대한 직관적 파악이다. 이것은 오직 스스로 획득할 수 있을 뿐이며, 어떤 방식으로도 가르쳐질 수 없다. 그러므로 우리의 지성적 가치와 도덕적 가치는 궁극적으로 외부에 의해 부여되는 것이 아니라 자신의 내부 깊숙한 곳에 자리 잡은 본성에서 나온다.

교육에서 무엇보다 중요하게 생각할 점은 아이들이 현실을 있는 그대로 파악하도록 이끄는 일이다. 교육은 아이들이 그들의 개념을 현실 세계로부터 직접 끌어내고 오로지 현실의 모습에 따라 형성하도록 도와주어야 한다. 아이들이 자신의 개념을 책이나 동화, 남의 말 따위에서 가져와서는 나중에 그것을 현실에다 그대로 적용하려 든다면, 그들은 머릿속에 허상만 가득 들어찬 채로 현실을 완전히 잘못 파악하거나 그런 허상에 맞추어 현실을 바꾸려 헛되이 애를 쓰다가 모두 나락으로 떨어지고 만다. 머릿속을 일찌감치 허상들로 가득 채운 탓에 생겨난 편견

들이 얼마나 많은 단점과 부작용을 초래하는지는 정말 믿기힘들 정도다. 나중에 현실세계와 실제적 삶이 뒤늦게 제공하는 교육은 오히려 세계와 삶을 망치는데 쓰이게 된다.

세계가 먼저 정신을 차리고 15세 이전의 아이들에게 종교 교육을 시키지 않는다면 이 세계는 아직 희망이 있다.

노력하는 사람이 자신을 인도하는 별로 삼아야할 것은 상상의 이미지가 아니라 개념이다. 하지만 대부분의 경우는 이와 반대다. 득히 어린 시절에 우리의 목표는 눈앞에 떠도는 몇 가지 이미지와 형상에 고정된다. 그것은 종종 일생의 절반 이상을, 아니 전 생애를 따라다닌다. 하지만 그런 이미지와 형상들은 원래 우리를 놀리고 조롱하는 허상에 불과하다. 마침내 목표에 도달하는 순간 연기처럼 사라지고 말 것들이다. 그때가되면 우리는 그런 것들이 처음 생각했던 것과 전혀 다르다는사실을 직접 경험할 것이기 때문이다. 가정적이고, 시민적이고, 사회적이고, 목가적인 삶의 장면들은 모두가 다 그렇다. 아늑한 집이며, 주변 환경이며, 훈장이며, 공로패 따위도 다 마찬가지다. 아무리 바보라도 다 저 잘난 맛에 산다.

늙는다는 것

젊은이에게 인생은 영원할 것 같지만, 노인의 눈에는 너무나도 짧은 과거일 뿐이다. 오페라글라스를 대물렌즈를 통해서 볼 때와 접안렌즈를 통해서 볼 때의 차이다.

인생의 처음 절반이 늘 채워지지 않는 행복에 대한 동경을 특징으로 한다면, 나머지 절반의 특징은 너무나도 자주 채워지는 불행에 대한 두려움이라 하겠다. 물론 둘 다 나쁘기는 매한가지다.

젊었을 때 초인종이 울리거나 문 두드리는 소리가 나면 나는 만족스러운 표정으로 '이제 왔군!' 하고 생각했다. 하지만 지금은 문 두드리는 소리가 나면 소스라치게 놀라며 이렇게 말한다. "저기왔다!"

이렇게 차이가 나는 까닭은, 인생의 후반기를 살아오면서 얻은 경험이 우리에게 모든 행복은 허상이지만 불행은 현실이라는 점을 확실하게 가르쳐준 탓이다.

젊은이는 이 세상이 즐길만한 곳이라고, 행복이 거처하는 곳이라고 믿는다. 행복하지 못한 사람들은 단지 요령이 부족했을 뿐이다. 소설과 시, 세상에 만연한 위선과 허상은 이런 생각을 더욱 부채질했다. 이제 그의 삶은 – 이런저런 많고 적은 숙고를 거쳐 – 실제 행복의 사냥에 나선다. 이것은 당연히 향락으로 충만한 행복이다. 불행의 위험은 개의치 않는다. 삶은 행복과 향락의 획득만을 노린다. 실제로 존재하지도 않는 사냥감에 대한 이 사냥은 대부분의 경우 젊은이를 대단히 현실적이고 실제적인 불행으로 이끈다.

반대로 지혜의 길은 행복과 향락이 모두 본질적으로 허상에 불과한 데 비해 고통과 결핍은 현실적이고 실제적이라는 확신에서 출발한다. 따라서 인생의 모든 계획은 고통을 피하고 결핍에서 벗어나는 데 맞추어진다. 여기서는 행복에 대한 허상을 쫓느라 계획이 틀어지지 않는 한 어느 정도 성공을 확신할 수 있다. 어리석은 사람은 인생의 향락을 뒤쫓다가 결국에는 기만당한 자신을 발견하게 된다. 현명한 사람은 나쁜 일을 피하기 위해 노력한다. 그에게도 불행이 닥칠 수 있지만 그것은 아무도 거역할 수 없는 운명의 탓이다. 다행히 운이 좋더라도 그는 거기에 기만당하지 않는다. 나쁜 일은 완전히 실재하는 것이다. 설령 그것을 회피하려고 지나치게 애쓰다가 인생의 많은 향락을 불필요하게 포기하게 된다고 한들 그 때문에 우리가 잃을 것은 없다. 향락은 모두 헛된 허상에 불과한데, 그런 것을 놓쳤다고 슬퍼한다면 얼마나 한심하고 우스운 꼴이겠는가.

우리는 현재의 인물과 사건들이 얼마나 중요한지 잘 인식하지 못한다. 그것들은 과거로 물러나고 난 다음에 기억과의 이야기를 통해서 비로소 중요성을 획득한다.

나그네는 높은 곳에 오르고 나서야 비로소 그가 지나온 길의 모든 굴곡과 굽이를 한눈에 조망하면서 길의 특성을 인식할 수 있다. 마찬가지로 우리는 인생의 한 시기가 막바지에 이르러야 비로소 그때까지 우리가 행한 모든 행위와 수고들의 참된 관계와 그에 따른 결과, 그리고 그 가치를 올바르게 파악할 수 있다. 그 전까지는 주어진 동기와 자신의 능력에 맞추어 오로지 자기 성격의 확고한 특성에 따라 행동할 뿐이다. 다시 말해서 그냥 매 순간 우리에게 적절하고 올바르다고 생각되는 대로 행동하면 된다. 행동의 결과는 성과가 알려주고, 그 과정과 방법의 적절함은 전체 관계에 대한 조망이 보여준다. 위대한 행위를 수행하거나 불멸의 작품을 만들어내는 동안에도 우리는 그 같은 사실을 정확히 의식하지 못한 채 단지 우리의 현재 목적에 적합하고 눈앞의 의도에 충실하게 행동할 뿐이다. 하지만 나중에 전체의 관계를 조망하면 그때 비로소 우리가 지닌 본래의 특성과 능력이 드러난다. 하나하나를 살펴보면 우리는 마치 어떤 천재적 영감에 이끌린 듯 수천 가지의 갈래길들 중에서 올바른 단 하나의 길을 찾아간 것을 알 수 있다.

젊은 시절은 인생이 가장 축복받은 시간이고 노년은 비참한 시간이라고 흔히들 말한다. 열정이 진정으로 우리를 행복하게 만들어줄 수만 있다면 이 말은 참일 수도 있다. 하지만 젊은이들이 쉽사리 그리고 강력하게 사로잡히는 열정은 그들에게 희열보다 고통을 더 많이 안겨준다. 반면에 차분한 노년이 되면 이런 열정에 휘둘리지 않고 마음의 평온과 관조적 태도를 유지 할 수 있게 된다. 인식 자체에는 아무런 고통도 따르지 않는다. 우리의 의식이 인식으로 채워질수록 우리의 삶은 더 나아진다. 행복은 허상이지만 고통은 현실이다. 따라서 열정의 결과는 명백하다. 그렇다면 노년의 비애는 어디에서 오늘 걸까? 바로 질병과 권태다. 하지만 질병은 그다지 본질적이지 않으며, 권태는 정신과 교양을 통해 막을 수 있다. 노년에는 시간이 더 빨리간다. 하지만 정신의 힘도 점점 약해진다. 물론 정신만 높다고 – 제아무리 천재라도 – 행복해지지는 않는다. 그래도 권태와 싸우려면 한때 많았던 이 힘이 아직 충분히 남아 있어야 한다. 또 한편으로는 경험, 학습, 훈련, 사색을 통해서 통찰력을 키워 원래 지니고 있던 정신의 쇠약을 어느 정도 보완할 수 있다. 체력의 손실은 생계를 위해 노동을 해야 할 처지가 아니라면 크게 해를 끼치지 못한다. 하지만 노년의 빈곤은 불행이다. 빈곤에 시달리지 않고 건강도 웬만큼 유지된다면 노년은 인생에서 가장 견딜만한 부분이라고 단언할 수 있다.

젊은 시절의 생기발랄함과 삶의 의욕은 사실 아직 산을 오르는 중이어서 맞은편 산자락에 있는 죽음을 미처 보지 못하는 덕택이기도 하다. 하지만 정상을 넘고 나서 그때까지 소문으로만 듣던 죽음을 실제로 보게 되면, 그때부터 생명력에 썰물이 지고 삶의 의욕도 가라앉기 시작한다. 그러면 우울한 진지함이 젊은 만용을 몰아내고 얼굴에 제 모습을 드러낸다.

사람들은 노년의 무료한 삶을 제멋대로 동정하면서 노인에겐 더 이상 인생의 즐거움이 없다고 탄식한다. 하지만 즐거움이란 상대적인 것으로 욕구가 충족되는 동안은 누구나 즐거움을 느낀다. 그러나 욕구가 해소되고 나면 즐거움도 사라진다. 이는 식사를 하고 나면 더 이상 먹을 수 없고, 밤에 충분히 자고나면 더 이상 잠이 오지 않는 것과 마찬가지로 당연한 일이다. 편안한 안식과 안전은 노년의 주된 욕구다. 그래서 늙은이들은 무엇보다도 돈을 부족한 힘의 대체물로서 중히 여긴다. 그 다음으로 식사의 기쁨이 사랑의 기쁨을 대신한다. 보고 여행하고 배우려는 욕구의 자리에는 가르치고 말하려는 욕구가 들어선다. 늙어서도 학문이나 음악이나 연극에 대한 애정을 잃지 않은 사람은 행복하다.

아주 오랜 기억이 여전히 생생한 것은 우리 안에 무언가 늙지 않는 것이 있다는 증거다.

봄이 되면 하루가 더디게 가듯이 인생의 봄날도 마냥 지루하게만 느껴진다. 가을이 오면 계절과 인생의 시간이 모두 눈에 띄게 빨라지지만 그 대신 더 쾌활하고, 더 변함없다.

인생이 막바지에 이르면 그 많던 세월이 다 어디로 갔는지도 무지 알 수가 없다. 노년에 이르러 그 동안 살아온 삶을 되돌아보면 인생은 왜 이다지도 짧던가? 아마도 기억이 인생을 그렇게 짧게 만드는 탓이리라.

그 이후에 오는 것

　　　　죽음의 공포는 대개, 이제 나는 영원히 사라지지만 이 세상은 그대로 존재한다는 잘못된 표상에서 나온다. 하지만 실제로는 오히려 그 반대다. 이제 나의 표상을 통해 존재하던 세상은 사라지지만 나의 가장 내적인 핵, 즉 의지는 그대로 남는다. 뇌와 더불어 지력은 사라지고, 지력과 더불어 그것의 단순한 표상인 세상도 사라진다. 다른 뇌들 속에는 그와 상관없이 여전히 비슷한 세계가 살아있겠지만 그렇다고 달라지는 것은 없다.

　죽음은, 주관적으로 볼 때, 의식이 사라지는 순간, 즉 뇌의 활동이 멈추는 순간에 존재한다. 그 뒤에 이 멈춤의 여파가 유기체의 나머지 조직들로 확산되는 것은 이미 죽음 이후에 벌어지는 일들이며, 우리와 아무 상관도 없다. 죽음은 근본적으로 의식에 발생하는 것으로, 의식의 그침이 곧 죽음이다. 이 같은 의식의 소실이 어떤 것인지 우리는 누구나 잠을 통해서 어느 정도 판단할 수 있다. 혼절의 경험이 있다면 그것을 좀 더 잘 알 수 있다. 여기서는 전환이 잠이 들 때처럼 서서히 이루어지지 않을 뿐더러 깨어난 상태와 유사한 꿈도 꾸지 않기 때문에, 의식이 있는 상태와 없는 상태의 경계가 확고하다. 진짜 재미있는 건, 사고나 폭력에 의해 죽음을 맞이할 때 우리는 아무리 깊은 상처를 입어도 막상 그 순간에는 아무 것도 느끼지 못한다는 사실이다. 요행히 죽음을 면하고 난 다음에 나중에 비로소 그 상처를 발견하는 경우도 많다. 그래서 물에 빠지거나 연탄가스를 마시거나 목을 매거나 해서 의식을 잃어본 적이 있는 사람들은 하나같이 당시에는 아무런 고통도 느끼지 못했노라고 말한다. 의식이 이런 식으로 종말을 맞는다면 한사코 거기에 다시 불을 지펴 한없이 지속시키려고 아등바등할 이유가 도대체 무엇인가? 그 내용이란 게 거의 대부분이 고작 비참하고 사소하고 세속적인 생각들의 흐름에 지나지 않는데 말이다. 차라리 그냥 쉽게 내버려두라! 하지만 죽음도 의지를 엄습하지는 못한다. 의지는 물자체로서 시간의 경계 바깥에 놓여있기 때문이다.

개체가 죽음의 불안을 느낄 때 여기에는 상당히 특이하고 조금은 우스꽝스러운 장면이 펼쳐진다. 세계의 지배자가, 그 본성이 만물을 온통 채우고 또 그를 통해서 만물이 비로소 제 실존을 얻게 되는 그런 존재가 겁에 질려 자신의 몰락을 두려워하고 있기 때문이다. 그것은 영원한 허무의 심연 아래로 가라앉을지도 모른다는 두려움이다. 실제로는 만물이 온통 그로가득 차 있고, 아무 데도 그가 없는 곳이 없으며, 그가 내부에 살고 있지 않은 존재는 하나도 없는 데도 말이다. 이는 존재가 그를 가능케 하는 것이 아니라 그가 존재를 가능케 하기 때문이다. 그런데도 그는 죽음의 공포에 떠는 개체들을 보며 겁을 집어먹는다. 개체화의 원리(principio individuationis:보편적 존재로부터 어떻게 개체가 성립되는가를 설명하는 철학적 원리 - 옮긴이)에서 비롯된 착각에 빠져 자신의 실존이 현재 위협받고 있는 혹은 죽어가는 개체에 속박되어 있으며 그와 함께 소멸되리라고 믿는 까닭이다. 그러나 이것은 생의 의지로서 자신을 드러내는 영원무궁한 세계정신이 꾸는 엉뚱한 악몽에 불과하다.

절친한 존재가 죽음을 맞을 때 우리는 극심한 고통을 맛본다. 이 고통은 본래 모든 개체 안에 무언가 말로 표현할 수 없는 것, 오직 그 개체에만 고유한 것, 그래서 다시는 되찾을 수없는 어떤 것이 있다는 감정에서 나온다. 'omne individuum ineffabile(모든 개체는 말로 표현할 수 없는 존재다)' 이 말은 동물적 개체에도 적용된다. 아끼고 사랑하던 동물이 불의의 사고로 갑자기 죽음을 맞게 되어 그 동물이 자신에게 보내는 마지막 이별의 눈빛을 바라본 적이 있는 사람은 이런 사실을 누구보다도 생생하게 느낄 수 있다. 그 눈빛은 가슴을 찢는 고통을 준다.

삶은 사방에 암초와 급류가 도사리는 바다다. 사람들은 최대한 조신하고 주의하며 이런 위험을 피한다. 하지만 비록 갖은 노력과 기교를 다 동원하여 그곳을 통과하는 데 성공하더라도 자신들이 결코 피할 수도 회복할 수도 없는 총체적인 난파에 매 순간 한 걸음씩 더 가까워지고 있다는, 아니 아예 그것을 향해 항해하고 있다는 사실을 사람들은 잘 알고 있다. 여기서 총체적 난파는 바로 죽음이다. 이것은 힘들고 고통스러운 항해의 종착점이며, 이제까지 만난 그 어떤 암초보다도 더 고약하다.

우리의 삶은 장애물들과 부단한 싸움의 연속이며, 마지막 승리는 언제나 저들의 몫이다.

죽음 이후에 무엇이 계속되느냐는 물음에 우리는 일단 "네 죽음 이후에 너는 네가 출생하기 이전의 너로 돌아갈 것이다"라고 대답할 수 있다. 이 대답은, 어떤 실존에 시작만 있고 끝은 없기를 바라는 건 말도 안 된다는 뜻을 함축하고 있다. 그리고 여기에는 또한 이 세상에 두 가지의 실존과 두 가지의 무가 존재하기를 바라는 마음도 담겨 있다.

발 앞에 기어가는 곤충이나 아직 건져 올리지 않은 그물 안에서 태평스럽게 헤엄치는 물고기, 타성에 젖어 도망칠 생각을 안 하는 개구리, 자기 머리 위에서 맴도는 매를 알아차리지 못하는 작은 새, 호랑이의 시야에 포착된 양떼 따위를 한 번 보라. 이들은 아무 것도 모른 채 매 순간 자신의 생존을 위협하는 위험 속을 무심하게 돌아다닌다. 자연은 아무런 걱정 없이 제 자식들을 수천수만의 위험한 우연들 속에 무방비 상태로 내보낸다. 자연은 그들이 죽음을 당하더라도 영영 사라지는 것이 아니라 다시 자기 품으로 돌아온다는 사실을. 죽음은 그저 하나의 유희일 뿐임을 알고 있다.

동물이라는 한없이 기교적인 기계장치를 유지하려는 자연의 노력은 이처럼 무사태평하기가 이를 데 없다. 이는 그런 개별적 현상의 파괴가 그 내부에서 작용하는 본질을 조금도 다치지 못한다는 걸 암시하기에 충분하다.

죽음을 초월하는 것은 의식이 아니라 의식을 발생시키는 그 무엇이다. 이것은 또한 생이 아니라 생의 원리이며, 생은 그 현상일 뿐이다.

내가 죽은 뒤에도 내 자아가 존재하리라는 것은 단지 하나의 가능성으로서 이해하려고 해도 전혀 쉬운 일이 아니다. 하지만 지금의 내 존재가 어떻게 생겨나고 현실이 되었는가 하는 것은 내게 그보다 훨씬 더 이해하기 어렵다. 사실 둘은 똑같은 이야기다. 지금의 몸이 파괴된 뒤에 어떻게 새로운 존재에 도달하는지를 묻는다면, 네가 지금의 존재에 도달한 바로 그대로라고 나는 대답한다

지금 여기

시간에 대한 고찰

우리 모두는 '시간의 자식들'이다. 사람은 과거 속에서 살아가지 않는다. '그리고 미래 안에서 살아가지도 않는다. 모든 삶은 오직 현재 안에만 존재한다.' 모든 존재는 덧없이 흘러갈 뿐이라는 실존적 소란에 대해 쇼펜하우어는 현재에 대한 단호한 옹호로 응답한다. 현재의 향연은 우리에게 주어진 기회이며 삶의 덧없음에 대한 유일한 위안이다. 오늘 하루에 경의를 표하지 않는 자는 그것을 잃을 지니!

과거와 미래는 우리를 위협한다. 그것들은 회한과 걱정의 형태로 현재를 압박한다. 그러므로 내다보는 시선과 돌아보는 성찰 사이에서 균형을 찾아야 한다. 하루하루는 다 유일한 나날들이다. 오늘은 '오직 한 번뿐이며 절대로 다시 오지 않는다.

그러나 우리는 마치 오늘이 내일 다시 오는 것처럼 말한다. 내일은 그냥 또 다른 날이며, 그 또한 오직 한 번밖에 찾아오지 않는다.' 이 사실을 명확히 이해하고 자기 인생의 좌표로 삼는 사람은 어제와 내일의 허상으로부터 자신을 지킬 수 있다. 시간은 덧없이 흐른다. 그리고 쇼펜하우어가 그토록 확신한 '나쁜 나날들'은 반드시 찾아온다.

시간에 대한 고찰

시간을 두려워하는 사람은 이렇게 말한다. "모든 존재는 출생을 통해 무에서 생겨나 잠시 머물다가 죽음을 통해 다시 무로 되돌아간다. 지금은 현재에 머무는 내 존재도 곧 먼 과거 속에 놓이고 나는 무로 바뀔 것이다!" 그러면 나는 이렇게 대답한다. "지금 그대는 존재하고 있지 않은가? 그대들 시간의 자식들이 그토록 갈구해 마지 않는 소중한 현재를 지금 실제로 차지하지 않은가?" – 그대는 자신이 어떻게 이 현재에 있을 수 있는지 이해하는가? 그대를 현재로 인도한 길을 알고 있는가? 그 길이 죽음을 통해서 그대에게 가로막힌다는 걸 알 수 있는가? – 미래의 어떤 존재가 과연 지금 그대의 존재보다 더 그대에게 불가사의할 수 있을까?

삶의 지혜에서 중요한 점은 올바른 비율로 현재와 미래에 적절히 주의를 기울여서 하나가 다른 하나를 망치지 않도록 하는 일이다. 어떤 사람들은 지나치게 현재에 산다. 경박한 자들이다. 또 어떤 사람들은 지나치게 미래에 산다. 소심한 겁쟁이들이다. 적정한 비율을 유지하는 사람은 드물다. 노력과 소망을 통해서 오직 미래 안에서만 살아가는 사람들은 초조하게 늘 앞만 바라보며 서둘러 다가오는 것들을 맞이하려 든다. 마치 거기에 참된 행복이 있다는 듯이. 하지만 그러면서 그들은 현재에 주의를 기울이지 못하고 그것을 제대로 누리지도 못한 채 그대로 흘려버린다. 이런 사람들은 비록 얼굴은 애늙은이같이 영리한 표정을 짓고 있지만 저 유명한 이탈리아의 당나귀들처럼 어리석기 짝이 없는 존재다. 이탈리아의 당나귀들은 머리에 막대기를 묶고 그 끝에 건초를 매달아 눈앞에 보이게 놓으면 그것에 조금이라도 더 가까이 다가가려는 마음에 죽어라고 빨리 달린다고 한다. 이처럼 지나치게 미래만 바라보는 사람들은 죽을 때까지 항상 임시적인 삶만을 살아감으로써 자신의 실존을 스스로 기만한다.

 항상 미래에 대한 계획과 근심걱정에 몰두하거나 과거에 대한 동경에만 파묻혀서는 안 된다. 오직 현재만이 실재하며 그것만이 확실하다. 미래는 언제나 우리가 생각하는 것과 다르게 다가오며, 과거도 지금 우리에게 비쳐지는 것과는 다르다는 사실을 명심해야 한다. 먼 거리는 눈에는 대상을 더 작게 축소시키고 생각에는 그것을 더 크게 확대시킨다. 오직 현재만이 참이고 사실이다. 그것은 현실들로 채워진 실제적 시간이며, 오로지 그 안에만 우리의 삶이 존재한다. 그러므로 우리는 현재를 언제나 즐겁게 받아들여야 한다. 불쾌와 고통에서 벗어나 즐거운 마음으로 순간을 만끽해야 한다. 과거의 어긋난 소망이나 미래에 대한 걱정으로 일그러진 얼굴을 하고서 우울하게 현재를 흘려보내서는 안 된다. 지나간 일에 대한 불만이나 다가올 것에 대한 근심으로 현재의 멋진 시간을 지레 망쳐버리거나 밀쳐내는 것은 정말 어리석은 짓이다. 근심과 후회는 모두 그것들의 시간에 맡겨버려라.

내게 말하라. 공간은 언제 생겨났으며, 그의 덧없는 각시인 시간은 어디서 태어났느뇨. 또 둘 사이의 자식인 물질은 어떻게 존재를 얻었으며, 어떻게 감각 세계의 골격을 놓았느뇨. 공간과 더불어 갈등이 생겨나고, 시간과 더불어 덧없는 흐름이 시작되었다.

시간은 언제나 우리를 우롱하는데 우리는 도무지 그 수작을 알아차리지 못한다.

과거에는 아무도 살지 않았고, 미래에도 아무도 살지 않을것이다. 모든 삶은 오직 현재에만 존재한다. 현재만이 삶의 소유물이며, 이 소유물은 삶에서 절대로 떨어져나가지 않는다. 생의 의지가 존재하는 한 개체의 덧없음에 대한 위안은 오로지 이 사실 한 가지뿐이다.

현재의 중요성은 곧바로 인식되는 경우가 드물고 한참 뒤에 가서야 비로소 알아차린다.

미래의 불행이 우리를 불안하게 만들 수 있는 경우는 그것이 확실히 존재하고 또 나타날 시기도 확실할 때뿐이다. 그러나 이런 경우는 극히 드물다. 미래의 불행은 단지 가능성이나 개연성으로만 존재하거나 또는 확실하더라도 그 도래시기가 언제인지를 정확히 알 수 없다. 그러므로 이 두 가지 경우를 받아들이게 되면 우리는 한시도 불안에서 벗어날 수 없다. 삶의 안식을 불확실하거나 부정확한 불행으로 훼손시키지 않으려면 우리는 불확실한 불행은 절대로 찾아오지 않을 것처럼 여기고, 도래시기가 부정확한 불행은 절대로 금방 찾아오지 않을 것처럼 여기며 살아야 한다.

두려움이 잠잠해지면 이번에는 갈망과 욕구가 우리를 괴롭힌다. 괴테의 널리 사랑받는 시구 '나는 아무 바라는 게 없어라'가 뜻하는 바도 이것이다. 사람은 삶의 모든 요구들에서 벗어나 벌거벗은 실존으로 되돌아갈 때 비로소 정신적 평온을 찾고, 현재와 삶 전체를 향유할 수 있게 된다. 참된 행복은 바로 여기서 나온다. 그러려면 오늘 하루는 오직 한 번뿐이며 절대로 다시 오지 않는다는 사실을 늘 생각해야 한다. 그러나 우리는 마치 오늘이 내일 다시 오는 것처럼 말한다. 내일은 그냥 또 다른 날이며, 그 또한 오직 한 번밖에 찾아오지 않는다. 하지만 우리는 모든 하루가 다 생의 대체할 수 없는 일부라는 사실을 망각한다. 그리고는 개체가 공동개념에 포함되듯이 그렇게 하루하루를 똑같은 나날들로 여기며 살아간다.

아프고 우울할 때 우리가 얼마나 건강하고 고통 없는 시간들을 부러워하고 마치 잃어버린 낙원이나 떠나버린 친구처럼 그리워하게 되는지 떠올려보면 현재를 더욱 소중히 여기고 잘 만끽할 수 있다. 그러나 우리는 현재의 멋진 나날들을 제대로 의식하지 못한 채 덧없이 흘려보내며 살아간다. 그러다 불행한 날이 찾아오면 그때 비로소 예전으로 돌아가고 싶어서 발버둥친다. 즐겁고 편안했던 많은 시간들을 제대로 만끽하지 못한 채 찌푸린 얼굴로 흘려보내고는 뒤늦게 우울한 시간 속에서 헛된 그리움으로 한숨짓는다. 그러니 지금 무덤덤한 표정으로 흘려보내는, 아니 서둘러 과거로 밀쳐버리는 현재의 살만한 나날들에 경의를 표하라. 그리고 그 나날들이 매 순간 과거의 영광으로 바뀌고 있음도 잊지 말라. 하지만 그곳에서도 그 나날들은 영원히 사라지지 않는 빛을 받는다. 소중히 기억 속에 보관되었다가 언젠가 불행한 시간이 찾아왔을 때 휘장을 걷어내고 마음속 깊숙한 동경의 대상으로 다시 모습을 드러낸다.

 채워지지 못한 소망의 고통은 회한의 고통에 비하면 아무것도 아니다. 앞의 것에는 항상 열려있는 예측할 수 없는 미래가 놓여 있지만 나중의 것에는 결코 되돌릴 수 없는 닫힌 과거가 주어져 있을 뿐이다.

 어떤 일에 너무 기뻐하지도 너무 슬퍼하지도 말라. 모든 것은 변하기 마련이니 언제든지 상황은 역전될 수 있다. 반면에 현재는 언제나 기쁜 마음으로 최대한 만끽하라. 이것이 지혜로운 삶이다. 그러나 우리는 대부분 그와 반대로 행동한다. 미래에 대한 계획과 근심에 혹은 과거에 대한 그리움에 지나치게 몰두하고 집착하는 바람에 늘 현재를 소홀히 한다. 하지만 확실한 것은 오직 현재뿐이다. 미래는, 또 과거는 거의 언제나 우리가 생각하는 것과 다르다. 결국 우리는 스스로 자신의 삶 전체를 기만하고 있는 것이다.

 우리는 흔히 현재의 문제를 더 나은 가능성을 통해 풀어보려 애쓰면서 머릿속으로 수백 가지의 헛된 희망들을 만들어낸다. 하지만 이것들은 제대로 충족되는 못하는 한 - 실제로 늘 그렇게 된다. - 하나하나가 모두 실망을 배태한다. 그보다는 차라리 오만가지 나쁜 가능성들을 떠올려보는 편이 낫다. 그러면 그 중 일부는 유용한 대책을 낳을 것이고, 일부는 기분 좋게 예상에서 빗나가며 사라져줄 테니까 말이다.

너희는 시간이 너무 빨리 지나간다고 투덜댄다. 하지만 너희 안에 무언가 머물만한 게 있다면 시간은 그렇게 서둘러 도망치지 않을 것이다.

삶에 어떤 뜻밖의 사고가 닥치더라도 여유를 잃지 않는 사람은 인생에 얼마나 엄청나고 얼마나 변화무쌍한 불행들이 가능한지 잘 알고 있는 사람이다. 그래서 현재의 불행은 그 중 아주 작은 한 부분에 불과하다고 여긴다. 거꾸로, 이 사실만 잘 알면 우리는 항상 여유를 잃지 않고 살아갈 수 있다. 끝이 좋으면 모든 게 다 좋다고 하지 않는가!

인생의 짧은 꿈에 비하면 무한한 시간의 어둠은 얼마나 기나긴가!

지나온 삶을 돌이켜보며 실수로 놓쳐버린 그 많은 행복과 스스로 초래한 그 많은 불행? – '미로 속을 헤매 다닌 인생역정' – 을 떠올리노라면, 자기 자신에 대한 비난은 쉽사리 도를 넘어선다. 하지만 우리의 삶은 단순히 우리 자신만의 작품은 아니다. 그것은 외부적 사건과 우리 자신의 결정이라는 두 요소의 합작품이다. 게다가 이 두 경우에서 우리가 내다볼 수 있는 지평은 매우 제한적이다. 우리는 자신이 무슨 결정을 내릴지조차 미리 알기 힘들다. 하물며 외부의 사건을 예측하기란 더욱 어렵다. 우리가 알 수 있는 건 단지 이 둘의 현재 상태뿐이다. 그러므로 목표가 너무 멀리 떨어져 있으면 그곳을 향해 똑바로 곧장 나아가지 못하고 추측에 따라 대충 접근하게 된다. 다시 말해서 주변 정황에 맞추어 아무 때나 결정을 내리고 그 결정이 우리를 목적지로 데려다주기만을 빌어야 한다. 이때 주변 정황과 우리의 원래 의도는 서로 다른 방향으로 작용하는 두 가지의 힘에 비교될 수 있으며, 이 둘을 대각선으로 가로지르는 좌표선이 바로 우리의 삶이 지나온 길이다.

나의 노래, 나의 노래

푸른 하늘 바라보며 그대를 그리워하네,
그대가 하늘 저 멀리로 날아가 버린 뒤

나 홀로 번잡함 속에 남겨졌네.
다행히 그대의 말과 그대의 책이 있어
정신으로 충만한 그 목소리 들으며
거친 땅에 생기를 불어넣으려 애쓰네.
둘러싼 모든 것들은 낯설고
세상은 황량하고
삶은 길고…

세계의 눈이 된 철학자

읽기와 쓰기
홀로 있기
목발 종교
진리와 교류하는 법

쇼펜하우어에게 철학은 진리로 가는 구도의 길이며, 오직 혼자서만 갈 수 있는 고독의 길이다. 아카데미와 대학도 멀리하고, 여자와 가족의 방해도 물리치고 엄격한 고립과 은둔 속에서 그 길을 간다. 모든 것에서 멀어지고 모두에게 낯선 존재가 된 채 그는 사유의 피난처 안에 홀로 앉아서 글을 쓴다 (또는 철학 교수로 임용된 동료들을 욕한다). 특별한 일이 없는 한 그는 책 읽기를, 이 천박한 '생각의 대용물'을 꺼려한다. 니체는 책 없이 살던 때가 자기 인생에서 가장 행복한 시기였다고 말한다. 니체도 쇼펜하우어도 남의 글을 읽는 것에 깊은 의구심을 품고 있다.

스스로 생각해내지 않은 것은 자기 생각이 아니다. 그리고 다른 사람이 이미 생각한 것은 또 다시 반복할 필요가 없다. 그렇다면 작가로서 쇼펜하우어에게 독자가 없는 삶은 과연 마음에 들었을까? 그가 쓴 책들의 판매고는 빈약하기 그지없다. 나중에 발표된 『소품과 단편집Parerga und Paralipomena』을 제외하면(여기에 수록된'여인네들에 대하여'라는 글이 큰 화제를 불러일으킨 덕분이다!) 그의 작품들이 거둔 성적은 하나같이 형편없다. 학위논문은 고작 150부만 팔렸다? 그것도 10년 동안의 결과다! 『의지와 표상으로서의 세계』는 800부를 찍었는데 대부분 팔리지 않고 파기되었다. 1836년, 그러니까 거의 20년이나 지니서 그의 다음 책 『자연 속의 의지에 관하여』가 발표되었다. 이 책도 1년 반 동안 고작 125부가 팔리는 초라하기 짝이 없는 실적을 거둔다. 하지만 뒤늦게 그의 이름이 알려지면서 상황은 크게 달라진다.

다행히도 자신의 작업이 지닌 가치에 대한 그의 믿음은 흔들림 없이 유지되었다. 쇼펜하우어는 '인간적 인식의 울타리안에서' 자신이 '세계의 비밀에 대한 실제적 해답'을 발견했노라고 말한다. 그는 자신의 철학을 '진리의 정령'이 내린 '계시'라고 부르기를 주저하지 않는다. 이 진리의 정령에 그는 심지어 기독교의 성령聖靈도 그 일부로서 포함시킨다. 어쨌든 쇼펜하우어는 – 적어도 자신만큼은 – 종교를 극복하였다고 믿는다. 베네치아의 상인이나 프롤레타리아 혹은 단순한 강단講壇 학자들과 달리 이 참된 철학자는 '세계의식'을 획득한다. 그는 세계의 눈이 된다.

읽기와 쓰기

 후세로의 기나긴 여행을 계획하는 사람이라면 불필요한 짐을 최대한 줄여야 한다. 시간의 긴 강물을 따라 헤엄쳐 가려면 몸이 아주 가벼워야 하기 때문이다. 후대에 길이 남을 글을 쓰고자 하는 사람은 간결해야 하고, 본질적인 것에 국한해야 한다. 관용구 하나, 단어 하나까지 인색할 정도로 철저히 생각해야 한다. 긴 여행을 위한 짐을 꾸리듯이 작은 것 하나를 집어넣더라고 꼭 필요한지, 빼도 되는 것 아닌지 숙고해야 한다.
 후대에 길이 남을 글을 쓴 사람은 실제로 누구나 이렇게 느꼈고 또 그대로 실천했다. 가령 피히테처럼 미처 소화되지 않은 잡다한 이야기들을 끝도 없이 늘어놓는 수다쟁이들에게 '도대체 이 글을 왜 써야 하지?'라는 의문은 전혀 들지 않았음에 틀림없다.

 책을 읽는 것은 자신의 생각을 다른 사람이 마음대로 조종하게 놔두는 꼴이다. 거의 모든 책들은 세상에 얼마나 잘못된길이 많으며, 함부로 다른 사람의 안내를 받았다가는 어떤 지경에 이르게 되는지 잘 보여준다. 자기 내부의 정령genius에 의해 인도되는 사람은 올바른 길을 간다. 생각이란 자신의 이런 정령을 따르는, 정령의 인도를 받는 행위를 말한다. 그런 게 자기 안에 있다면 말이다. 이런 사람은 항상 자신의 고유한 길을 간다.

 책 읽기는 단지 생각의 대용물에 불과하다. 우리는 자기만의 고유한 생각의 샘이 막혔을 때만 책을 읽어야 한다. 반대로 책을 손에 들기 위해서 자신의 근원적인 사유의 힘을 제한하는것은 성령에 대한 모독이고 죄악이다. 이런 짓을 하는 사람은 고작 식물표본이나 보겠다고, 또는 동판에 새겨진 예쁜 정원 그림을 감상하겠다고 탁 트인 자유로운 들판을 피해 골방으로 들어가는 사람과 같다. 남이 제 스스로의 사유를 통해 힘들게 발견한 통찰과 진리를 어쩌다 책 속에서 쉽고 편하게 얻는 경우도 있기는 하다. 하지만 그보다는 자기 생각을 통해서 스스로 그런 진리를 발견하는 것이 백 배는 더 가치가 있다. 그렇게 얻은 진리여야만 우리의 총체적 사고체계 안에 생생히 살아있는 한 부분으로 통합될 수 있다. 그래야 그에 담긴 모든 근거와 작용들까지도 충분히 이해되어 완전하고 확고하게 우리의 사고체계와 하나가 될 수 있다. 이렇게 얻은 진리는 강한 색채를 띠고 우리의 사고체계에 각인되며, 필요를 느낀 순간에 제때에 떠올라서 다시는 소멸되지 않는다. 학습된 진리는 억지로 부착시킨 의수나 의족, 잘 맞지 않는 틀니, 밀랍이나 다른 살로 성형한 코와도 같이 어색하게 우리에게 달라붙어 있다. 끝없이 생각을 거듭하여 획득한 진리만이 자연 그대로의 신체와 같으며, 그것만이 신정으로 우리에게 속한다. 사상가와 단순한 강단학자의 차이는 여기서 비롯된다. 스스로 생각하는 사상가의 풍부한 정신은 빛과 그림자가 적절히 배치되고, 전체의 분위기와 색상이 완벽하게 조화를 이루는 아름다운 회화를 보는 것과도 같다. 반면에 단순한 강단학자의 정신은 갖가지 색깔의 물감들을 잔뜩 짜놓은 팔레트와 같아서 체계적으로 정리되어 있기는 하지만 조화와 일치가 없어서 아무런 의미도 전달하지 못한다.

게다가 책에 기록된 생각들은 길을 가는 사람이 모래 위에 남기는 발자국에 불과하다. 이것을 통해 그 사람이 걸어온 길을 볼 수는 있지만 그가 길에서 무엇을 보았는지는 알 수 없다. 그것을 알려면 직접 제 눈을 사용해야 한다.

 독자들은 책이 달걀과 같아서 최대한 신선하게 즐겨야 한다고 생각한다. 그래서 항상 새 것만 찾는다.

 최종적으로 한 말이 더 옳고, 나중에 기록된 것이 예전의 기록보다 더 나으며, 개정판이 항상 더 발전된 내용을 담고 있다는 믿음보다 더 큰 착각은 없다. 매사에 진지하고, 스스로 생각하고, 올바르게 판단하는 사람들은 언제나 예외다. 위와 같은 규칙은 이 세상 어디서나 쓰레기에 불과하다. 늘 우리 주변을 맴도는 이런 쓰레기 규칙을 따르는 인간들은 충분한 숙고 끝에 나온 사려 깊은 말들에 제 방식대로 통칠을 하려고 딴에는 꽤나 성실하게 노력한다. 그러므로 어떤 대상에 대해서 알고 싶을 때 당장 그에 관한 최신판 서적을 집어 드는 일이 없도록 주의해야 한다. 여기에는 학문이 항상 더 나은 방향으로 발전하며 새로 나온 책은 예전의 책들을 바탕으로 쓰여 진다는 전제가 자리 잡고 있다. 실제로 새 책은 그 이전에 나온 책들의 내용을 이용한다. 하지만 그 방식은 어떤가? 새 책의 저자는 종종 예전의 책들을 완전히 이해하지 못할 뿐더러 그 안에 적힌 말들을 정확히 인용하려는 마음도 없다. 그는 오히려 고유한 생각과 살아있는 지식으로 기록되어 훨씬 더 낫고 훨씬 더 명료한 예전 책들의 내용을 더 나쁘게 개악하고 일그러뜨린다.

생각을 전달하는 사람은 스스로 명료해지기 위해 모든 노력을 기울여야 한다. 그리고 남들의 무능에도 적응해야 한다. 그러나 전달해야할 아무런 생각도 없으면서 그런 것처럼 보이고 싶어하는 사람은 무의미한 잡탕을 꾸며내어 내놓고는 남들이 능력이 부족해서 그 안에서 의미를 발견하지 못한다고 비난한다. 특히 독일인들이 그런 말에 잘 속아 넘어간다.

홀로 있기

　　　철학은 험준한 산을 오르는 산행과도 같다. 그리로 가려면 날카로운 자갈과 따가운 가시덤불이 덮인 가파른 오솔길을 올라야 한다. 이 길은 외진 길이며 높이 오를수록 점점 더 삭막해진다. 이 길을 가는 사람은 두려움이나 혐오감을 가져서는 안 되고 추운 눈 속에서도 용기를 잃지 않고 자기 길을 스스로 찾아가야 한다. 갑자기 깎아지른 듯한 절벽이 나타나고 그 아래로 초록의 숲이 보인다. 밑을 내려다보면 현기증에 머리가 핑핑 돌지만 두려움을 참고 피를 흘리며 절벽을 타야 한다. 이렇게 고생하며 오른 끝에 머지않아 온 세계를 발아래 두게 된다. 삭막한 황무지와 늪지가 사라지고, 울퉁불퉁한 곳들도 평평해진다. 불협화음은 물러가고 둥글둥글하게 균형이 잡힌 모습이 나타난다. 나그네는 늘 시원하고 깨끗한 산 공기를 호흡하며 눈을 들어 해를 바라본다. 아래는 아직 검은 밤이다.

나는 철학교수들의 카스파 하우저다. 그들은 나의 타고난 재능이 발휘되지 못하도록 내게서 빛과 대기를 차단했다.

머지않아 구더기들이 내 몸을 파먹으리라는 생각은 충분히 견딜만하다. 그러나 철학교수들이 내 철학을 갉아먹으리라 생각만 하면 온 몸에 식은땀이 흐른다!

내 안에 있는 물녘의 지성이 갖는 중요성은 개체의 중요성에 비해 한없이 더 크다. 그러므로 철학적 사유가 활동하고 있는 한 나는 아무리 많은 개인적 걱정들이 생기더라도 그것들을 훌훌 털어버릴 수 있다. 왜냐하면 철학적 사유야말로 내게 완전히 진지한 것이고 나머지는 모두 그저 재미일 뿐이기 때문이다. 그것은 자연이 내린 귀족 작위요 특권이다. 보통사람들의 행복은 노동과 향락의 적절한 교환에 있다. 하지만 내게는 그 둘이 모두 똑같다. 그래서 나와 같은 인간의 삶은 어쩔 수 없이 고독한 모노드라마가 될 수밖에 없다. 나와 같은 진리의 전도사들은 자기 자신에 대해 제대로 이해하고 나면 진리를 전도하는 일 이외에 다른 사람들과 함께할 일이 거의 없다. 그것은 중국에 파견된 선교사들이 그곳 사람들과 마음이 통하는 사이가 되기 힘든 것과 비슷하다. 나 같은 사람에게는? - 특히 아직 젊은 동안에는 - 모든 형태의 생활이 마치 몸에 맞지 않는 옷을 걸치고 있는 듯한 느낌을 준다.

 나 같은 사람이 살아가기 마련인 소극적인 생활방식이 결혼을 하거나 또는 독신으로 산다고 해서 특별히 더 수월해질 것 같지는 않다. 그럼에도 불구하고 나는 나중 것이 내게 더 적합하다고 생각하는데, 그것은 내가 그처럼 위태로운 탈선을 저지를 용기도 없고 능력도 없으며, 결혼의 부담을 짊어지는 걸 내 소명으로 느끼지도 않기 때문이다. 내 안에서는 항상 예민한 감수성과 지성이 지배적으로 활동한다. 그래서 삶의 불행과 부당함에는 극도로 민감한 반면 기쁨과 향락에는 비교적 마음이 덜 움직인다. 그래서 어린 시절부터 내가 꿈꾸는 행복에는 언제나 은둔, 고요, 고독, 자기만족 따위가 기저에 깔려 있었다. 현실적인 삶이 내 실존의 주된 관심사요 즐거움의 원천이었다면 나는 아마도 결혼을 했을 것이다. 그러나 내 삶은 그와 반대로 이상과 지성에 맞추어져 있었기 때문에 그렇게 할 수 없었다. 하나를 하려면 다른 하나는 희생해야 한다.
 어떤 이유에서든 생의 자연스러운 길에서 벗어난 사람은 결혼을 해서는 안 된다. 수입이 없는 사람은 땅에 확고하게 뿌리를 박지 못한 사람이다. 이런 사람은 폭풍이 불면 금세 쓰러진다. 그러므로 사람은 홀로 서야만 한다. 그런데 작은 재산을 가지고서 노동하지 않고 살아가려 한다면 오직 독신으로 사는 길밖에 없다. 내 고유한 개성에 대한 자유로운 사용권을 잃는 것은 다른 것을 얻음으로써 생기는 이득에 비해 훨씬 더 큰 손해다. 게다가 어떤 여자든 나와 사는 게 행복하지 않을 텐데 이런 여자와 내가 행복하기를 바라는 건 애당초 가능하지 않은 일이다. 나는 주로 내 생각 속에 잠겨서 사는 데다 모임이나 유흥을 좋아하지도 않는다. 게다가 평소에도 늘 기분이 우울한 상대이니 이런 남자와 살면서 어떤 여자가 행복하기를 바랄 수 있겠는가.

나는 내 삶의 본래 목적이 그 수단인 내 개인적 실존의 경계 너머에 있다고 본다. 따라서 내 인격과 소유가 전적으로 내게 맡겨지지 않고 누군가가 거기에 관여하는 순간 가장 중요하고 고귀한 것이 비천한 것에 제물로 바쳐지고 만다. 나 자신에 대한 자유롭고 무제한적인 소유를 확보하려면 나는 다른 모든 인격들에 대한 소유를 포기해야 한다. 그들이 내게 속해야 한다면 나 또한 그들에게 속해야 하기 때문이다.

나는 내가 물려받은 유산을 하늘이 맡긴 돈이라고 본다. 자연이 내게 부과한 과제들을 처리하고, 나와 인류를 위해 나의 맡은 바 소명을 다하라고 내게 특권을 부여한 것이라고 말이다. 이것이 없으면 나는 인류에게 아무 쓸모도 없는 존재가 될 것이고, 아마도 이제까지 나 같은 종류의 인간이 한 번도 겪은 적이 없는 그런 비참한 생활을 이어나갈 것이다. 그러므로 내가 만약 향락적 삶을 바라는 잘못된 마음에서 내 수입의 절반 가량을 유행에 따라 옷을 맞추고 모자를 바꾸는 따위의 일에써 버린다면 내게 선사된 흔치 않은 운명을 배은망덕하고 파렴치하게 오용하는 짓이 된다.

사려 깊고 현명한 사람일수록 그렇지 못한 나머지 인간들과 잘 교류하지 못하며, 이는 당연하다. 그의 입장에서 이와 같은 교류는 대단히 어리석은 짓이기 때문이다. 아내와 자식의 부담에서 벗어난 삶을 40년이나 이어온 사람이 여전히 가정을 꾸리고 싶어한다면 그는 아직 덜 배운 게 틀림없다. 그것은 전체 거리의 4분의 3을 이미 제 발로 걸어서 온 사람이 이제 와서 전구간용 역마차표를 구입하려 드는 것이나 다름없다.

나 같은 인간과 다른 사람들의 뚜렷한 차이는 대부분 내가 지닌 강한 욕구에서 비롯된다. 다른 사람들은 이 욕구를 모르며, 욕구의 충족이 오히려 그들에게 해가 될 수 있다. 그것은 생각하고 학습하기 위한 자유로운 여유에 대한 욕구다. 이 욕구는 심지어 나와 같은 인간들을 판단하는 도덕적 기준을 바꾸어놓기도 한다. 죽어가는 페리클레스가 그 어떤 업적도 양심의 가책에 맞설 수는 없다고 했던 말은 항상 옳다. 소크라테스와 아리스토텔레스 같은 옛 사람들도 한가로운 여유를 속세의 가장 큰 재화라고 보았다. 나 같은 사람이 세상에 태어날 때 단 한 가지 소원이 있다면 평생 동안, 모든 나날과 시간들을 통틀어 항상 자기 자신으로서 존재하고 최대한 자신의 고유한 정신으로 살아가는 것이다.

하지만 사람의 행운과 정해진 길이 빈번히 엇갈리는 이 세상에서 이런 요구를 실현시키기란 쉬운 일이 아니다. 빈곤은 우리에게서 자유로운 여유를 앗아가고, 부는 그런 여유를 온갖 방식으로 방쳐놓는다. 우리는 마치 스킬라와 카리브디스 사이를 항해하듯이 이 두 가지 속세의 위험 사이를 지나야 한다. 인간의 운명은 본성에 의해 결정된다. 낮에는 열심히 일하고 밤에는 휴식을 취해야 하는 사람에게는 한가로운 여유는 주어지지 않는다. 하지만 그들의 행복의 원천인 여자와 자식은 살 때와 죽을 때 위안이 되어준다. 반면에 커다란 정신적 욕구를 지니고, 그것이 충족될 때 오는 커다란 정신적 만족의 가능성을 추구하는 비정상적인 성격의 사람에게는 자유로운 여유가 행복의 주된 조건이 된다. 이를 위해서는 여자와 자식을 통한 정상적인 행복도 기꺼이 포기한다. 이런 종류의 인간은 완전히 다른 영역에 속한다. 이렇게 변화된 요구를 충족시킬 수 있으려면 그들이 좀처럼 갖지 못하는 지극히 예외적인 외부 환경이필요하다. 비정상적 본성에게 비정상적 환경이 마련되려면 운명이 좀 더 유리하게 작용해줘야 한다.

 대부분 사람들의 삶에서는 그들 자신의 본성을 통해서, 그리고 외부 환경을 통해서 미리 정해진 어떤 계획이 발견된다. 그들의 삶은 몹시 변화무쌍하지만 마지막에는 어떤 일치를 감지할 수 있는 전체로서 제 모습을 드러낸다. 운명의 손길은 제아무리 은밀하게 작용하더라도 결국은 드러난다. 그것은 외부적 작용이나 내부적 자극을 통해서 움직이며, 그 안에서는 종종 서로 모순된 이유들이 함께 작동한다.

 불만이 엄습할 때면 나는 항상 이런 생각을 한다. 나 같은 인간은 자신의 소질을 발전시키고 타고난 소명에 부응하면서 평생을 살아갈 수 있으며, 그 때문에 아무리 많은 반대에 부딪혀도 오히려 그렇게 하지 못하면 더 불행해질 것이라고 말이다. 그러므로 지금 이 순간 내 자신이 불행하다고 느끼는 것은 단지 내 인격에 대한 오해나 착각 때문일 가능성이 크다. 나를 원래의 내가 아닌 다른 인간으로 여기고, 그 다른 인간의 불만을 내가 쏟아내는 것이다. 예를 들면 나는 어떤 때는 나 자신을 교수도 못 되고 강의에 수강생도 없는 객원강사로 여길 수 있고, 혹은 이런저런 속물이나 수다쟁이 여편네들이 수군대는 인물이나 사람들이 비방하는 바로 그 인물로, 혹은 제가 마음에 둔 처녀에게 거절당하는 연인으로, 혹은 병 때문에 집밖으로 나갈 수 없는 환자로, 혹은 비슷한 일로 힘을 빼는 또 다른 인물로 여길 수 있다. 하지만 나는 그런 존재가 아니며 그 모든 것은 내게 낯선 재료에 불과하다. 그 재료로 만든 외투를 잠시 걸친 적은 있겠지만 나는 곧 그것을 벗고 다른 옷으로 갈아입는다. 그렇다면 나는 도대체 누구인가? 나는 세계를 의지와 표상으로서 기록하고, 실존의 위대한 문제에 해답을 제시한 사람이다. 나의 해답은 비록 아직까지는 무관심 속에 묻혀 있지만 다가오는 세기의 사상가들은 나의 해답에 주목하고 연구할 것이다. 나는 그런 사람이다. 무엇이 감히 그런 나를 괴롭히고 나의 삶을 힘들게 만들 텐가?

나는 항상 내가 가볍게 죽음을 맞이하리라 기대한다. 생이 오랜 고독의 연속이었던 사람은 이 외로운 사건을 남들보다 좀더 잘 이해한다. 두발 달린 짐승의 보잘 것 없는 용량에 걸 맞는 어릿광대짓 대신에 즐거운 마음으로 삶을 끝내겠다. 크나큰 축복 속에서 처음에 나왔던 그곳으로 돌아가 나의 소명을 완수하겠다.

목발 종교

A. 철학적 정신은 종교와 교회가 (칸트가 말하는) 법과 도덕을 고양시키는 깃발로서 인간에게 필요하다는 사실과, 철학을 요구하지도 않고 소화시키지도 못하는 사람들의 지적 욕구를 충족시키기 위한 철학의 대용물로서 실용적인 목적에 적합하다는 사실을 잘 안다. 그러므로 철학적 정신은 스스로를 인류의 소유로 여기고 자기 자신보다 전체를 위해서 더 생각한다는 점에서 종교의 친구라 할 수도 있다.

B. 반면에 그를 철학적 정신으로 만드는 특성, 즉 진리에 대한 사랑의 측면에서 그는 개인적으로 종교와 적대적이 된다. 진리에 대한 사랑은 그로 하여금 실제적 권위에 대한 믿음을 무가치하고 불충분한 것으로 느끼게 만들며, 순수하고 참된 인식을 탐구하도록 충동질한다. 지적인 면에서 그는 본질적으로 모

든 종교의 적으로서의 철학과 완전히 일치한다. 철학은 종교가 기만을 통해 유지해온 왕좌를 찬탈하였다. 소위 계시된 진리의 출현은 속임수의 증거다. 그것은 사상가들을 자극하여 적으로 만들었다.

철학자는 믿음의 대상이 아니다.

고대古代가 그토록 순수한 모습으로 우리 앞에 있는 까닭은 오로지 기독교를 몰랐던 덕분이다.

정부가 성직자 나부랭이들을 다시 돕기로 결정하기가 무섭게 이자들은 벌써 서로 싸움질이다. 이 싸움은 진정으로 나를 즐겁게 한다.

회의론자의 기도

하느님 – 만약 당신이 계시다면?
제발 제 영혼을? 만약 내게 그런 것이 있다면?
무덤에서 구원해주소서.

원래 모든 현실 종교는 마땅히 철학에 돌아갈 왕좌의 찬탈자들이다. 그래서 철학자들은 종교를 필요악으로서, 많은 사람들의 병적으로 허약해진 정신을 지탱해주는 목발로서 인정해주는 것이 마땅함에도 불구하고 언제나 종교에 적대 적이 된다.

진리와 교류하는 법

사람들은 내 철학이 우울하고 절망적이리고 투덜댄다. 하지만 하늘과 땅과 인간이 모두 무에서 창조되었다는 이론보다 더 절망적인 철학은 없다. 만일 그렇다면 인간은 낮이 가면 밤이 오듯이 숨을 거두는 순간 무로 돌아갈 것이다! 모든 희망의 출발이자 근거는 오히려 인간이 무에서 나오지 않았다는 생각이다.

정신력의 본래적이고 근원적인 차이는 개체를 직접 관찰하지 않고 일반성에 머무르는 한 비교가 불가능하다. 정신력의 차이는 교양의 차이나 여유와 바쁨의 차이처럼 겉으로 쉽게 구분되거나 멀리서도 금방 알아볼 수 있는 게 아니기 때문이다. 그러나 이런 교양과 여유의 차이도 사람들의 실제 삶을 최소한 열 배

이상 차이 나게 만들 수 있다는 사실을 우리는 인정해야만 한다. 교양과 여유에 따라 삶이 열 배는 더 풍요로워진다!

나는 지금 기껏해야 원숭이보다 한 단계 더 위에 있는 야만인들 얘기를 하려는 것이 아니다. 가령 나폴리나 베네치아에서 화물을 나르는 노역자들을 관찰하면서, 그들의 일생을 처음부터 끝까지 한 번 살펴보자(북쪽에 사는 사람들은 겨울을 날 걱정때문에 좀 더 많은 생각과 궁리를 하면서 살아간다). 궁핍에 쪼들려 일터에 나오고, 오로지 자신의 근력에 의지하고, 나날의, 아니매 시간의 욕구를 해결하기 위해 일하고, 피곤하고, 소란스럽고, 찌들고, 내일을 걱정하지 않고, 일을 끝마치면 완전히 지쳐서 죽은 듯이 조용하고, 툭하면 다른 사람과 다투고, 생각할 시간 따위는 한 순간도 없고, 후덥지근한 가운데 관능적 쾌락을 즐기고, 음식은 적당히 먹을 만하고, 형이상학적 요소란 교회를 통한 지독한 미신이 고작이다. 전체적으로 이들의 실존은 상당히 흐릿한 의식에서 나오는 충동이나 욕구로 채워진다. 삶은 불안정하고 혼란스러운 꿈과도 같다. 사람들은 오직 현재의 욕구를 채우기 위해서만 머리를 쓸 뿐, 그들 자신의 실존을 이루는 조건이나 관계에 대해서는 깊이 생각하지 않는다. 물론 실존 자체에 대해서는 더 말할 것도 없다. 그들은 분명히 실존하고 있지만 이를 인식하지 못한다. 따라서 아무 생각 없이 그냥 살아가는 프롤레타리아나 노예의 삶은 우리와 같은 사람들의 삶보다는 오히려 오직 현재에만 국한된 동물의 삶에 더 가깝다. 하지만 그렇기 때문에 그들의 삶이 덜 고통스러운 것도 사실이다. 모든 쾌락은 그 본성상 언제나 부정적인 성격을 띤다. 즉 궁핍과 고통에서 벗어나는 것을 의미한다. 따라서 당장의 괴로움을 신속히 처리하는 것은 변함없는 쾌락의 원천이 된다. 프롤레타리아의 노동에는 항상 이와 같은 해결책이 동원되며, 이는 노동이 한시적으로 휴식과 욕구의 충족으로 전환될 때 더욱 강하게 작용한다. 쾌락을 향유할 때 가난한 자들이 부자들보다 훨씬 더 자주 웃고 쾌활한 표정을 짓는다는 사실은 확실하다.

그러나 이제 이성적이고 사려 깊은 기업가를 관찰해보자. 그는 생각하는 삶을 살고, 신중하게 마련된 계획들을 조심스럽게 실천하고, 가정을 이루어 아내와 자식을 돌보며 대를 잇고, 공공사업에도 기여한다. 이런 사람이 앞서의 사람보다 훨씬 더 의식적인 삶을 산다는 건 두말할 필요도 없다. 다시 말해서 그의 실존은 더 높은 수준의 현실성을 갖는다.

이번에는 지나간 역사를 탐구하는 학자를 보자. 이 사람은 자기 자신과 자신의 시대를 뛰어 넘어 실존을 총체적으로 의식한다. 그는 세상의 흐름에 대해 생각한다.

마지막으로 시인이나 철학자를 보자. 이들의 의식은, 실존의 어떤 특별한 현상을 탐구하려는 의도나 계기 없이 삶이라는 거대한 스핑크스 자체에 경도되어 그것을 자신의 문제로 삼는 수준에 도달해 있다. 이들의 의식은 명료함의 차원에서도 그 자체로 곧바로 세계의식으로 바뀐다. 이를 통해서 그 안에 담긴 표상은 그들의 의지에 종속된 모든 관계에서 벗어난다. 이제 세계는 그에게 자신의 흐름에 단순히 참여하는 것이 아니라 이를 관찰하고 연구하도록 요구한다. 의식의 수준이 현실성의 수준이라면 이와 같은 사람을 우리는 '최고로 현실적인 존재'라고 불러야 마땅하다.

우리는 누구나 여기서 스케치한 사례들 중에 자신의 자리를 발견할 수 있다.

어떤 사람이 무엇을 잘못 알고 있으면서도 완강히 고집을 부릴 때 그에게 진실을 납득시키는 방법은 간단하다. 전제가 앞에 오고 결말이 뒤에 오도록 배치하면 된다. 하지만 이 규칙은 거의 지켜지지 않고 실제에서는 대부분 그 반대로 진행된다. 과격하고, 조급하고, 독선적인 성격은 우리로 하여금 자신의 오류를 계속 고집하는 사람에게 우선 결말부터 큰 소리로 외치게 만든다. 그러면 그 사람은 당황해서 자신의 의지에 기대어 버틴다. 그러면 어떤 합리적 근거나 전제를 들이대도 소용이 없다. 그는 그런 전제가 자신이 증오하게 된 결말로 이어진다는 사실을 이미 잘 알고 있기 때문이다. 이렇게 되면 모든 게 끝이다. 그러므로 우리는 결말을 완전히 감춰두어야 한다.

칸트처럼 아예 정반대의 결말을 마련해둘 수도 있다. 어쨌든 결말을 감추고 단지 전제만을 제시해야 한다. 이 전제가 완전하고, 명료하고, 보편적이면 그 목적이 되는 결말은 아예 언급하지 않아도 된다. 결말은 상대방이 직접 유추하도록 남겨둔다. 그러면 그는 은밀하게 그리고 더욱 철저하게 결말을 끌어낼 것이다. 이렇게 하면 상대방은 설득당하는 부끄러움을 느끼지 않고 스스로 이해했다고 자랑스러워할 것이다.

그들은 내 철학이 우울하고 절망스럽다고 소리친다. 하지만 그것은 내가 그들의 죄에 대한 대가를 먼 미래의 지옥으로써 우화적으로 묘사하지 않고 죄가 있는 곳, 바로 이 세상이 지옥이나 다름없음을 보여주기 때문이다.

일상적 삶이나 사소한 일들에 대해서 내 정신이 오페라글라스나 토끼사냥용 권총과 같이 작동한다는 사실을 자주 깨달아야 하는 것은 정말 유감스럽고 넌덜머리가 나는 일이다.

내 머릿속에는 고집스러운 야당이 자리 잡고서 내가 충분한 숙고 끝에 내리는 모든 결정과 행동에 대립각을 세운다. 하지만 그렇다고 이것이 매번 옳은 것도 아니다. 이것은 단순히 오류를 걸러내는 검사관의 역할을 넘어서 내게 부당한 비난을 퍼부을 때가 많다.

보통사람의 지력은 의지에 강하게 종속된 데다 원래 하는 일도 주어진 동기를 수용하는 데 그치므로 꼭두각시를 매단 줄뭉치처럼 인형을 세계의 무대 위에서 움직이도록 만들 뿐이다. 대부분의 사람들에게서 나타나는 무표정하고 건조한 진지함은 바로 여기서 나온다. 동물들은 한 술 더 떠서 평생 절대로 웃는 일이 없다. 반면에 아무 데도 얽매이지 않은 지력을 지닌 천재는 유명한 밀라노 인형극단에서 커다란 꼭두각시들과 함께 연기하는 살아있는 배우와도 같다. 이 사람은 인형극단에서 연기하는 배우들 중 유일하게 모든 사건을 지각하는 인물이다. 그는 잠시 무대를 벗어나 객석으로 가서 스스로 연극을 즐기기도 하는데, 이것은 정말로 천재적인 생각이다.

많은 말을 지껄이지만 아무런 생각도 전달되지 않는 것은 평범함의 감출 수 없는 징표다. 반면에 단 몇 마디 안에 많은 생각을 담아내는 것은 천재의 징표다.

이 세상이 온통 사유로 넘친다면 귀가 지금처럼 천대받지는 않을 것이다. 아무나 자기에게 편리하고 유리한 대로 함부로 지껄여대지 않을 테니까 말이다.

무엇이 철학자를 만드는가? 어떤 물음도 그냥 가슴에 담아두지 않는 용기다.

진리가 최후의 목적인 철학자와 교수가 최후의 목적인 철학자 사이에는 정말이지 엄청난 차이가 존재한다. 교수가 목적인 철학자가 근엄하고 진지한 얼굴을 하고서 겉으로는 진리에 대한 철저하고 심오한 탐구를 한다면서 실제로는 자신의 이론을 조심스럽게 지역 교구나 정부의 목적에 맞추어 요리조리 꾸며 대는 짓거리를 보면 정말 실소를 금할 길 없다. 이런 자는 경애하는 재상 각하께는 가치가 있을지언정 청중을 위해서는 아무런 쓸모도 없는 인간이다. 진리가 목적인 철학자는 대부분 이와 정반대다. 그렇지만 이런 철학자는 너무나도 드문 반면에 다른 철학자들은 사방에 널렸다.

열정 때문에 혹은 고난과 걱정으로 고통을 당하는 사람도 자연과 본성에 자유로운 눈길을 주는 순간 갑자기 다시 기운을 얻고 즐거운 기분이 된다. 열정의 소용돌이, 불안한 기대와 공포의 압박 등 욕망에서 비롯된 모든 고통은 놀랍게도 순식간에 가라앉는다. 욕망에서 벗어나 순수하고 무의지적인 인식에 열중하는 바로 그 순간에 우리는 다른 세계로 들어선다. 그곳은 우리의 의지를 격렬히 뒤흔드는 모든 것들이 더 이상 존재하지 않는 세계다. 속박되지 않은 자유로운 인식은 잠과 꿈처럼 우리를 순식간에 그 모든 것에서 완전히 들어낸다. 행과 불행은 모두 사라진다. 우리는 더 이상 개체가 아니다. 개체는 잊혀지고 순수한 인식주체만이 남는다. 우리는 오로지 세계의 눈으로서만 존재한다. 세계의 눈은 모든 인식하는 존재들 안에 다 있지만 오직 인간에게서만 그것은 의지의 구속으로부터 완전히 자유로워질 수 있다. 이 같은 자유를 통해서 개체성의 모든 차이는 사라지고 바라보는 눈이 막강한 왕의 것이든 비참한 거지의 것이든 상관없이 모두 똑같아진다. 행복도 불행도 이 자유의 경계를 넘어서지 못하기 때문이다.

내 철학은 인간적 인식의 울타리 안에서 세계의 비밀을 푸는 실제적 해답이다. 이런 의미에서 내 철학은 계시라고도 부를 수 있다. 진리의 정령으로부터 나온 계시다.

좋은 삶

고통
행복
음악
동정심

현실은 오직 고통일 뿐이다. 모든 행복은 기만이고 착각이고 허상이다. 쇼펜하우어는 이점을 확신한다. 삶은 '향유하기 위해서가 아니라 그냥 살아내고 견뎌내기 위해서' 있다. 고통은 확고하다. 행복은 고통의 부재로서만 존재한다. 이런 식의 생각이 과연 쾌활하거나 즐거울 수 있을까? 분명한 것은 쇼펜하우어가 인간에 대해서 그리고 인간을 위해서 글을 쓴다는 사실이다. 행복과 고통에 대한 그의 생각에는 실용주의와 심리학적 지혜가 담겨 있다. 그가 권하는 '너무 불행해지지 않기 위한 가장 확실한 방법은 지나치게 행복을 요구하지 않는 것'이다. 많이 원하는 사람은 쉽게 실망한다. 현명한 사람은 요구를 줄인다. 욕망하는 의지를 넘어설 때 비로소 올바른 길이 열린다.

모든 것은 우리가 세계를 경험하는 방식에 달려 있다. 우리는 행복을 예술을 통해서, 그 중에서도 특히 음악을 통해서 미적으로 경험할 수 있다. 음악은 세계의 중심에서부터 나온다. 음악은 의지의 '객체화'가 아니라 '의지 자체의 모방'이다. 음악 안에서 이루어지는 세계와 예술의 일치는 너무나도 강력해서 쇼펜하우어는 '세계를 체화된 의지이자 동시에 체화된 음악으로' 불러도 무방하다고 보았다.

인류는 조화를 세계의 본질로 파악했다. 그것은 세계 안에서 인간이 발견해낸 것이지 발명한 것이 아니다. 조화는 올바른 행동의 규범이 되었다. 동정심의 윤리학도 세계와 인간의 상호일치에서 출발한다. 자신이 단지 개인으로서가 아니라 '보편적 실존 안에서' 살고 있으며 다른 실존에도 참여한다는 사실을 인식한 사람은 연민, 인내, 자비와 같은 따뜻한 마음을 발전시키게 된다. 동정심은 의지의 권력에 맞서고 개별화를 극복한다. 이런 용기를 지닌 자에게는 보상도 뒤따른다. '이런 종류의 인간은 여자들에게 저항할 수 없는 매력을 풍긴다.'

고통

내가 아직 공부를 다 끝마치지 못한 열일곱 살 무렵에 나는 생의 비참함에 너무나도 가슴이 아팠다. 이는 소년 시절에 부처가 질병, 늙음, 고통, 죽음을 보고 비통해했던 것과 비슷하다. 이 세상에서 크고 분명하게 들려오는 이 진실은 곧 한때 나에게 주입되었던 유대인들의 교설을 압도했다. 그 결과 나는 이 세상이 자비로운 존재의 작품일 수 없다고, 그것은 오히려 악마가 자기 피조물들의 고통을 보며 즐기기 위해 만들어낸 것이라고 여기게 되었다. 나는 이에 기초하여 사실들을 해석했고, 실제로 그러리라는 믿음에 기울었다. 고통의 외침은 인간의 실존에서 터져 나온다. 생은 고통 속에 깊이 잠겨 벗어나지 못한다. 생의 과정과 종말은 비극 그 자체다. 여기에 어떤 고의성이 있음은 분명해 보인다.

커다란 기쁨과 극심한 고통은 항상 같은 사람 안에 깃든다. 둘은 번갈아가며 서로를 제한하지만 또한 정신의 강한 활력을 통해서 모두 함께 억제되기도 한다. 둘은 앞에서 살펴보았듯이 순수한 현재를 통해서가 아니라 미래의 선취를 통해서 생겨난다. 그러나 고통은 삶에 본질적이며, 그 세기도 주체의 본성에 의해 결정된다. 갑작스러운 변화는 항상 외적인 변화에 그칠 수밖에 없으므로 고통의 세기를 근본적으로 변화시키지 못한다. 다시 말해서 지나친 환희나 고통은 모두 착각과 망상에서 나오는 것들일 뿐이다. 그러므로 정서의 이런 두 가지 과부하를 우리는 통찰을 통해서 피힐 수 있다.

 우리가 바깥에서 들이닥친 불행을 자기 잘못으로 초래한 불행보다 더 잘 인내하는 것은 여기에 기인한다. 운명은 변할 수 있지만 자신의 고유한 속성은 결코 변하지 않기 때문이다. 고귀한 성품, 유능한 머리, 쾌활한 기질, 밝은 감각, 건강하고 잘 빠진 몸과 같은 주체적 자산은 행복을 위한 첫 번째이자 가장 중요한 전제 조건이다 – mens sana in corpore sano (건강한 정신은 건강한 몸에 깃든다 – Juvenal, Sat. X 356). 그러므로 우리는 외적인 자산과 명예를 소유하는 일보다 자신의 고유한 자산을 유지하고 촉진하는 일에 더 많은 생각과 노력을 기울여야 한다. 스스로 짜증이 나고 겁이 날 정도로 집요하게 무언가에 골몰하는 것은 우울증의 직접적인 결과다. 원인은 내부의 병적인 불만이다. 그밖에 기질적인 불안도 한 몫을 한다. 이 두 가지가 최고조에 달하면 자살로 이어진다.

어떤 불행한 사건이 이미 벌어져서 더 이상 변경시킬 수 없을 때 그것을 바꾸거나 모면할 수도 있었다는 식으로 생각을해서는 절대로 안 된다. 그것은 고통을 더 참을 수 없게 만들뿐이다. 오히려 우리는 다윗 왕처럼 행동할 필요가 있다. 다윗왕은 아들이 중병에 걸려 사경을 헤맬 때 잠시도 쉬지 않고 하느님에게 아들을 살려달라고 빌고 간청했다. 하지만 아들이 끝내 숨을 거두자 곧 자리를 털고 일어난 뒤 더 이상 그 일을 생각하지 않았다. 이때 다윗 왕처럼 가볍게 털고 일어날 수 없는 사람은 숙명론으로 도피하여, 발생한 모든 일은 필연적이고 불가피하게 그렇게 될 수밖에 없다는 진리를 받아들여야 한다.

그러나 순간적으로 무엇을 포기하기란 쉬운 일이지만 완전히 체념하는 것은 끔찍하게 어렵다. 포기는 현재의 일시적인 사건이지만 체념은 미래를 포괄하기 때문에 무수히 많은 포기가 그 안에서 이루어져야 한다. 즉 체념은 무수히 많은 포기를 뜻한다. 우리가 느끼는 고통과 기쁨의 원인은 대부분 실재하는 현재에 있는 것이 아니라 단순히 추상적인 사고에서 비롯된다. 그것은 종종 도저히 견딜 수 없는 고통을 안겨주는데, 이에 비하면 동물들이 겪는 모든 고통은 지극히 미미하다. 그 때문에 우리는 종종 육체적 고통을 못 느끼기도 한다. 반대로 정신적 고통이 너무 극심할 때 우리는 일부러 육체적 고통을 일으켜서 그것으로부터 주의를 돌린다. 가령 정신적 아픔이 너무 클 때 사람들은 자기 머리카락을 마구 쥐어뜯거나, 자기 가슴을 주먹으로 세게 치거나, 얼굴을 꼬집고 잡아뜯거나, 바닥을 데굴데굴 구른다. 이런 행동은 모두 견디기 힘든 생각을 떨쳐버리려는 노력이다. 육체적 고통을 미처 느끼지 못할 정도로 극심한 정신적 고통은 절망에 빠진 사람이나 병적인 불만에 찬 사람을 쉽게 자살로 몰아간다. 하지만 그들도 편안한 상태에서는 자살에 대한 생각만으로도 몸서리를 친다.

모든 행복과 쾌락은 허상인 반면에 고통은 실제적이다. 따라서 삶은 향유하기 위해서가 아니라 그냥 살아내고 견뎌내기 위해서 있다. 너무 큰 육체적 또는 정신적 고통 없이 인생을 살아왔다면 운이 좋은 사람이다. 하지만 최고의 희열과 쾌락을 누려본 사람은 운이 나쁘다. 이 기준에 따라 인생의 행복을 가늠하려 드는 것은 완전히 잘못된 척도를 손에 쥔 것이기 때문이다. 기쁨이란 실재하지 않는다. 기쁨에서 비롯된 행복이란 시기심에서 나온 망상에 불과하다. 기쁨은 실제로 얻을 수 있는 것이 아니다. 하지만 고통은 다르다. 이것의 부재는 실제적인 행복의 척도가 된다. 지금까지 말한 것의 결론은 이렇다. 우리는 고통을 대가로 쾌락을 얻으려 해서는 안 된다. 그것은 부정적이고 허상에 불과한 것을 얻으려고 긍정적이고 실제적인 것을 지불하는 짓이다. 반대로 쾌락을 희생하여 고통에서 벗어날 수 있다면 그것은 똑같은 이유에서 이득이다.

인간의 삶에는 두 가지 중요한 측면이 있다. 주관적이고 내적인 측면과 객관적이고 외적인 측면이다. 주관적이고 내적인 측면은 행과 불행, 기쁨과 고통에 관여한다. 여기서 우리가 어떤 태도를 취해야 하는지는 이미 말했다. 고통의 횟수와 세기를 최대한 줄이는 것이 최선이며, 그런 면에서 수동적이다.

객관적이고 외적인 측면은 우리의 삶이 변해온 모습이고, 우리가 주어진 역할을 수행해온 방식을 뜻한다. 덕성, 용기, 영웅적 행위, 정신의 성취 등이 여기에 속한다. 이것은 삶의 능동적인 부분이다. 여기서 한 사람과 다른 사람의 차이는 앞서의 경우보다 무한히 더 커진다. 주관적 측면에서 사람들 간의 차이는 고통의 많고 적음이 전부다. 그렇기 때문에 우리는 삶의 객관적 측면에 더욱 주목해야 한다. 하지만 대부분의 사람들은 오히려 다른 측면에 더 주목한다.

우리의 행동은 객관적이고 외부로 표출되는 측면에 속한다. 그래서 고대 그리스인들은 덕성과 그에 따른 행동을 인생의

미美로서 아름답게 여겼다. 오직 이 측면에서만 사람과 사람 사이에 큰 차이가 나기 때문이다. 여기서 제일 첫 번째 자리에 위치하는 사람도 주관적이고 내적인 측면에서는 남들과 거의 차이가 나지 않는다. 이런 사람에게도 실제적인 행복은 주어지지 않지만 고통은 실재한다. 다른 모든 사람들처럼 말이다.

행복

　　　　　모든 사람의 인생을, 그 중에서도 특히 우리 자신의 인생을 편견 없이 객관적으로 관찰해보면 삶은 우리가 행복해지는 걸 바라지 않을 뿐만 아니라 심지어는 우리가 불행해지기를 적극적으로 바라는 것 같다는 인상을 받게 된다. 끝없이 이어지는 걸림돌들과 번거로운 일들, 사고, 고난 따위를 겪으면서 인생은 우리의 입맛을 잃게 만들고, 구토를 유발하고, 내던져버리고 싶은 특성을 띠게 한다.

　인생의 모든 요소들은 세속적 행복이 흐려지고 파괴되도록 결정되었다는 사실을 드러낸다. 그 싹은 사물의 본성 깊숙한곳에 자리 잡고 있다. 그에 따라 대부분 사람들의 삶은 고생 속에 이어지다가 짧게 끝난다. 비교적 행복한 삶이란 남보다 더

장수하는 사람처럼 우연적인 예외에 속한다.

All life is a cheat, it's mere disappointment throughout. 인생은 모두 사기다. 그것은 크고 작은 매사에 우리를 기만한다. 약속은 하나도 지켜지지 않는다. 간혹 지켜질 때도 있지만 그것은 단지 우리의 소망이 얼마나 무가치한지 보여주기 위해서일 뿐이다. 무언가를 주면 곧 다시 거두어간다. 시간과 공간은 사기와 기만의 최고 형식이다. 이 모든 것은 세계의 참된 목적에 기여한다. 물론 그것은 행복이 아니다.

매시간, 매일, 매주, 매년 인생에는 크고 직은 번기로운 일들과 언제나 실망만 안겨주는 기대와 모든 계획을 물거품으로 만들어버리는 우발적 사고 따위가 넘쳐난다. 삶은 확연히 망쳐버린 어떤 것, 제 길에서 벗어난 어떤 것의 모습을 띤다. 그런데도 어떻게 사람들은 이런 걸 보지 못하고 인생이 감사한 마음으로 누리기 위해 있으며, 인간이 행복해지기 위해 존재한다는 따위의 말을 스스로에게 할 수 있는지 정말 이해하기 어렵다.

우리는 남들의 행복이 아니라 불행을 부러워해야 한다. 왜냐하면 불행은 의지를 부정하도록 이끄는 덕성의 대용물이기때문이다.

모든 행복이 본성적으로 허상에 불과하다는 나의 명제는 인간의 두 가지 최고 자산인 건강과 자유 역시 단순한 허상에 불과하다는 증거이기도 하다.

미래의 행복에 대한 생각은 언제나 헛된 망상에 불과하다. 한 번은 희망이, 한 번은 희망한 대상이 우리를 기만한다. 사람들의 행복이란 나무가 울창한 숲과도 같다. 멀리서 보면 아름답기 그지없지만 막상 그 속으로 들어가면 아름다움은 온데간데없이 사라지고 우리는 어디에 머물지 몰라 나무들 사이에 뻘쭘히 서 있게 된다. 우리가 남들을 부러워하는 것도 이와 같다.

질시는 인간에게 자연스러운 일이다. 그럼에도 불구하고 그것은 또한 악덕이자 불행이다. 그래서 우리는 그것을 행복을 위협하는 사악한 적으로 간주하여 질식시켜버리려고 노력한다.

너무 불행해지지 않기 위한 확실한 방법은 너무 행복해지기를 바라지 않는 것이다. 쾌락, 소유, 지위, 명예 따위에 대한 요구를 지극히 평범한 수준으로 낮추는 것이다. 행복을 얻기 위한 노력과 경쟁은 커다란 불행을 끌어들인다. 이 방법이 현명하고 권할만한 이유는, 아주 불행해지는 것은 쉽지만 아주 행복해지기란 그냥 어려운 정도가 아니라 아예 불가능하기 때문이다. 특히 자신의 행복을 여러 잡다한 조건들을 내세우며 넓은 기초 위에 세우려 해서는 안 된다. 행복의 건축물은, 다른 건축물들이 넓은 기초 위에 세워질 때 가장 확고해지는 것과는 완전히 정반대의 성질을 지니기 때문이다. 잡다한 조건들을 내던지고 행복에 대한 요구를 최대한 낮은 수준으로 유지하는 것만이 커다란 불행을 피하는 가장 확실한 방법이다. 실제적 행복에 대한 기대는 모두 허상이지만 고통은 현실이기 때문이다.

오직 의식의 상태만이 계속 머물며 작용한다. 나머지는 모두 일시적 작용에 불과하다. 그러므로 항상 고통만 많이 주고 기쁨에는 인색한 의지보다 지력을 우위에 두는 것은 중요하다. 권태를 물리치고 인간을 풍요롭게 만들어주는 지력의 강한 활력과 포용력은 돈으로 살 수 있는 모든 사소한 것들보다 훨씬 더 많은 일을 이룰 수 있으며, 더 나아가서 만족스럽고 합리적인 심성을 길러준다. 이건 아주 중요한 문제다. 의식의 상태, 즉 의식의 속성은 인생의 행복과 관련해서 전적으로 중요하고 주된 위치를 차지하기 때문이다.

인간에게 돈은 추상적인 형태의 행복이다. 따라서 그것을 구체적인 형태로 누리는 능력이 없는 사람은 마음이 온통 돈에만 종속되고 만다.

  이 세상에서 우리가 가는 길은 항상 외줄기의 선일 뿐 평면이 될 수 없다. 따라서 인생에서 어떤 한 가지 길을 선택하여 취하고자 할 때 우리는 좌우로 갈라지는 수없이 많은 다른 길들을 포기해야 한다. 이 같은 포기를 결정하지 못하고 시장에 따라 나온 어린아이처럼 눈에 띄는 모든 것들을 소유하고자 하는 것은, 한 줄로 이어지는 우리의 길을 평면으로 바꾸려는 부조리하고 억지스러운 노력에 불과하다. 그러면 우리는 갈지자 걸음으로 우왕좌왕 헤맬 뿐 어디에도 도착하지 못한다. 혹은, 다른 비유를 들자면, 홉스의 법사상에 따르면 사람은 근본적으로 누구나 만물에 대해 권리가 있지만 아무도 배타적 권리는 없다. 어떤 특정한 사물에 대해 배타적 권리를 가지려면 당사자가 그것을 제외한 다른 모든 것에 대한 자신의 권리를 포기하고, 다른 사람들도 그가 선택한 사물에 대해 동일한 태도를 취할 때 비로소 가능하다. 인생도 마찬가지다. 삶에서 어떤 특정한 것, 가령 쾌락, 명예, 부, 학문, 예술, 덕 따위를 손에 넣고자 하는 사람은 그와 무관한 다른 모든 것에 대한 요구를 포기할 때 비로소 진지하고 행복하게 자기가 원하는 바를 추구할 수 있다. 그러므로 단순한 욕망과 능력만으로는 아직 충분치 못하며, 인간은 자기가 무엇을 원하는지 그리고 무엇을 할 수 있는지 알아야 한다. 그럴 때 비로소 자신의 고유한 특성을 드러내고 무언가 올바른 행위를 할 수 있다. 그전까지는 - 경험을 통해 자연스럽게 얻어진 특성과 무관하게? 그 사람은 아직 자기만의 특성을 지니지 못한 상태이며, 아무리 성실하게 주어진 길을 가더라도 제 안에 있는 악령의 손에 이끌리고 있는 것이다. 그는 바르고 곧은길이 아닌 불안하고 낯선 길을 가며 동요하고, 탈선하고, 거꾸로 가고, 후회와 고통을 겪는다. 이 모든 문제는 그가 제 앞에 놓인 크고 작은 많은 가능한 일들 중에서 오직 자신에게 적합하고 자신만이 할 수 있는 일이 무엇인지, 자신에게 진정으로 기쁨과 만족을 주는 일이 무엇인지 모르기 때문에 일어난다. 물고기는 물속에, 새는 공중에, 두더지는 땅속에 있을 때만 편안하다. 마찬가지로 인간은 그에게 적합한 환경에 있을 때만 편안하다. 가령 궁정의 공기를 누구나 호흡할 수 있는 건 아니다.

인생에서 삶을 욕망하지 않는 사람, 즉 삶을 위한 재화를 얻기 위해 애쓰지 않는 사람만이 진실로 행복해질 수 있다. 그런 사람은 삶의 짐을 가볍게 만들 줄 안다. 무거운 짐이 불안정한 받침대 위에 놓여 있는데 그 밑에 웬 사람이 허리를 구부리고 있는 장면을 상상해보라. 그 자리에서 허리를 펴고 일어서려고 하면 그 사람은 무거운 짐을 고스란히 짊어져야 한다. 반면에 걸음 뒤로 물러선다면 그는 아무 것도 짊어지지 않은 채 가벼운 몸으로 서 있을 수 있다.

음악

음악은 사물에 관해서 말하지 않는다. 음악은 오직 평안과 고통만을 말한다(의지에는 이 둘만이 유일한 현실이다). 그래서 음악은 우리의 마음에는 강하게 호소하지만 머리에는 아무 것도 직접 말하지 않는다.

음악은 총체적 의지의 아주 직접적인 모방이자 객체화이다. 그것은 세계 자체이며, 다양한 개별적 사물의 세계를 그 현상으로 갖는 이데아다. 그러므로 음악은 다른 예술들처럼 단순히 이데아의 모방이 아니라 의지 자체의 모방이다. 이데아는 이 의지가 객체화된 실재다. 따라서 음악의 작용은 다른 예술들보다 훨씬 더 강력하고 설득력이 있다. 다른 예술들은 단지 그림자에 관해서 말하지만 음악은 본질에 관해서 말하기 때문이다.

음악은 이미 말했듯이 현상의 모방도 아니고, 의지의 객체에 대한 모방도 아니다. 음악은 의지 자체의 모방이다. 음악은 세계의 모든 물리적 특성에 대해 형이상학적 특성을, 모든 현상에 대해 물자체를 표현한다. 그러므로 세계를 잘 체현한 음악이란 잘 체현된 의지와 똑같은 말이다.

물리적 측면에서 음악은, 숫자들의 합리적이고 비합리적인 관계를 수학처럼 개념을 사용하여 파악하는 것이 아니라 감각을 통해 직접적이고 순간적으로 인식하는 수단이다. 여기서는 동일한 음이 동시에 멜로디와 하모니를 함께 구성하듯이 동일한 의지가 모든 자연존재 안에 동시에 현상한다는 사실이 드러난다. 또 높은 옥타브의 음이 모두 베이스음에서 만들어지듯 고등한 단계의 자연존재도 모두 무기질에서 탄생한다. 무기질은 고등동물의 원천이자 동시에 구성체다.

조금 멋을 부려 말하자면, 음악은 멜로디고 세계는 그 멜로디에 붙인 노랫말이다.

베토벤 심포니는 우리에게 엄청난 혼돈을 완벽한 질서와 결합시켜준다. 더 없이 격렬한 싸움은 곧이어 가장 아름다운 일치를 이루어낸다. 이런 식으로 그의 음악은 세계의 본질을 충실하고 완벽하게 모방한다. 그것은 수없이 많은 형상들이 혼란스럽게 뒤엉킨 가운데 한 치 앞도 내다볼 수 없이 굴러가는 세계이며, 끊임없는 파괴를 통해서 스스로를 유지하는 세계이다.

음악의 도저히 말로 표현할 수 없는 내면은 우리에게 그것을 친밀하면서도 아득히 먼 낙원으로서, 완전히 이해가 되지만 설명할 수는 없는 그 무엇으로서 다가오게 만든다. 이는 음악이 우리의 가장 내밀한 본성에서 발생하는 흥분을 재현해주는데 기인한다. 하지만 음악이 주는 감흥은 현실이 아니며 현실이 주는 고통과도 동떨어져 있다. 마찬가지로 자기 영역에서 천박한 웃음을 완전히 배제하는 음악의 본질적인 진지함은, 음악의 대상이 기만과 우스꽝스러움을 가능케 하는 표상이 아니라 의지 자체라는 점을 통해서 비로소 설명된다. 의지는 본질적으로 최고의 진지함 그 자체이며 만물은 이 같은 의지의 진지함에서 전부 비롯된다.

예술은 모두 다 우리에게 삶의 고유성과 진실성을 드러내준다. 삶의 고유하고 참된 모습은 늘 객관적이고 주관적인 우연의 안개에 가려져 있기 마련인데, 예술의 역할은 오로지 이 안개를 걷어내는 데 있다.

동정심

누구나 제 걱정하기에 바쁜 현실은 사람들을 냉정하게 만든다. 그래서 뜻밖에 찾아온 행복한 상태는 대부분의 사람들에게 커다란 반가움과 즐거움을 안겨준다. 하지만 이런 상태가 오래 지속되면 오히려 정반대의 작용이 나타나기 시작한다. 고통에서 너무 멀어진 나머지 더 이상 행복을 느끼지 못하게 되는 것이다. 그러므로 이따금씩은 빈자들이 부자들보다 더 도움이 된다.

극히 드문 경우지만 가끔씩 상당한 수입을 가진 사람이 자신을 위해서는 아주 조금만 쓰고 나머지는 모두 고통 받는 사람들에게 주는 모습을 볼 수 있다. 그는 쾌락이나 안락함과는 동떨어진 삶을 산다. 이런 사람의 행동을 주의 깊게 관찰해보면 – 그가 스스로 자신의 행동을 이성적으로 이해하고자 끌어들이는 이념과 무관하게 – 우리는 그의 행동방식에서 아주 간단하고도 본질적인 특성을 발견하게 된다. 그것은 그가 자신과 남의 차이를 별로 구분하지 않는다는 것이다. 대부분의 사람들에게 이 차이는 아주 크다. 악질적인 사람은 남의 고통에서 기쁨을 느끼고, 정의롭지 못한 사람은 그것을 자기만족의 수단으로 삼으며, 단순히 공정한 사람은 그 같은 고통을 일으키지 않는 수준에 머문다. 그리고 거의 모든 사람들은 다른 사람의 고통을 가까이서 보고 경험하면서도 그것을 해결하려고 결심하지 못한다. 이들의 눈에는 고유한 자아와 낯선 자아 사이에 강력한 차이가 존재하며 남의 고통을 덜어주려면 자기 자신의 것 몇 가지를 반드시 포기해야 한다고 여겨지기 때문이다. 반면에 앞에서 말한 고귀한 사람에게 자신과 남의 차이는 그다지 중요하지 않다. 개체들이 현상하는 형식으로서의 개체화의 원리는 그를 사로잡지 못한다. 그 대신 남들에게서 발견되는 고통은 그에게 자신의 고통과 마찬가지로 가깝게 느껴진다. 그래서 그는 둘 사이에 균형을 유지하고자 노력한다. 남의 고통을 줄이기 위해 자신의 쾌락을 포기하고 스스로 궁핍을 감수한다. 악인에게는 심연의 간극이 가로놓인 자신과 남의 차이가 그에게는 덧없고 기만적인 현상에 불과한 것이 된다. 그는 자신의 개체와 남들의 개체에 동일한 물자체가 자리 잡고 있다는 점을 직접적이고 직관적으로 인식한다. 이 물자체란 바로 만물의 본성을 이루고 만물 안에 살아 있는 생의 의지다. 이 의지는 심지어 동물과 자연 전체에도 모두 똑같이 자리 잡고 있다. 그래서 그는 동물을 괴롭히지도 않는다.

그는 자신에게 남는 것, 없어도 되는 것이 아직 있는 한 남들이 궁핍 속에 살아가는 것을 그대로 보고만 있지 못한다. 그 자신이 내일 더 많이 즐기기 위해 오늘 누군가가 굶주리는 것을 용납하지 않는다. 사랑을 실천하는 사람에게 거짓된 꾸밈의 베일은 속이 훤히 들여다보이며, 개체화의 원리에 담긴 기만도 그를 속이지 못한다. 그는 모든 존재 안에서, 모든 고통받는 존재들 안에서 자신의 자아와 의지를 인식한다.

자신의 행복을 남들을 위해 희생하는 사람은 개인적 실존, 즉 개체성을 포기하는 것이다. 그는 인류라는 종족 안에서 자신을 인식하고, 자신의 종족이 가장 많이 고통을 겪는 곳에, 즉 다수의 타인들에게 도움의 손길을 뻗친다. 하지만 그럼으로써 그는 의지 자체를 포기하거나 최소한 포기상태에 근접하게 된다. 인간의 이기심은 개체성에서 나오는데, 생의 의지는 이 이기심에 뿌리박고 있기 때문이다.

마음의 온갖 보물들, 즉 모든 덕성과 신성은 근본적으로 인식이 의지를 압도할 때 가능하다. 덕성은 남들의 고통에 대한 인식이 자기만의 쾌락과 의지보다 더 강력하게 자신의 행동을 결정할 때 비로소 생겨난다.

용기는 착한 마음과 연결된 뿌리에서 자라난다. 말하자면, 착한 마음을 지닌 사람이 다른 개체들 안에서도 자신의 개체안에서만큼 또렷하게 자기 실존을 의식할 때 가능하다. 여기서 어떻게 용기가 생겨나는지는 이미 설명한 바 있다. 용기는 인간이 개별적 실존에만 얽매이지 않고, 그에 못지않게 모든 존재의 보편적 실존 안에서도 살아간다는 의식에서 생겨난다. 이를 명확히 의식하는 사람은 자신의 삶과 그에 딸린 것들에 대해 그다지 걱정하지 않게 되는 탓이다. 이것이 물론 모든 용기의 원천은 아니다. 용기는 다양한 원인들이 결합된 현상이기 때문이다. 하지만 부드러운 심성과 인내심을 동반한 용기야 말로 가장 고귀한 종류의 용기라 할 수 있다. 이런 종류의 인간은 여자들에게 저항할 수 없는 매력을 풍긴다.

관용, 자비, 용서, 악을 선으로 갚는 행위 등은 우리에게 무한한 감동과 감탄을 불러일으킨다. 이런 사람은 자신의 존재를 악을 행한 자 안에서도 인식함으로써 그 사람을 잘못된 길에서 벗어나 더 없이 온유하고 안전한 길로 되돌아가도록 만든다.

왜냐하면 잘못을 저지른 사람은 '나를 자신과 똑같이 대하는 존재에게 해를 입히는 것은 나 자신에게 해를 입히는 것과 똑같다'고 말하지 않을 수 없기 때문이다. 이에 비하면 비난으로 점철된 불안한 길은 얼마나 천박하고 보잘 것 없는가.

밝은 빛 속에
　　　금욕
　　건강과 쾌활
　　　　유산

자신을 극복하는 사람에게는 세계가 열린다. 더 많이 알고 더 많이 원할수록 행복은 점점 더 어려운 것이 된다. 그러므로 제일 먼저 추구해야 할 목표는 매사에 무심해지는 것이다. 이것은 마치 강인한 정신력을 통해 인간적 욕구를 제한하도록 요구한 스토아주의자들의 말처럼 들린다. 하지만 쇼펜하우어가 바란 것은 그런 스토아주의가 아니다. 그는 가슴이 뜨거운 삶을, 극복의 열정을 원했다. 이를 위해 그는 많은 걸 요구한다. 하지만 우리는 길지 않은 인생을 '적당히 게으른삶'으로 보내는데 익숙하다. 쇼펜하우어는 우리가 이것을 영원한 행복보다 훨씬 더 좋아한다고 믿는다.

인생에서 우리는 쾌활함을 배울 필요가 있다. 동정심에는 사회적 쾌활함이 있고, 음악에는 세계의 쾌활함이 담겨 있다. 여기서 쾌활함이란 무엇을 말하는가? 쇼펜하우어는 이를 심리학적으로 설명한다. 쾌활함은 기분의 문제다. '쾌활한 사람은 항상 그런 원인이 있다. 그 원인이란 바로 그가 쾌활한 사람이라는 사실이다.' 이렇게 보면 쾌활해지기란 별로 어려운 일이 아닌 것처럼 보인다. 그러나 매일같이 최소한 두 시간 이상 신선한 공기를 마시며 걷거나 운동할 수 없는 사람의 삶은 절대로 쾌활해질 수 없다는 것 또한 사실이다!

우리의 삶은 그렇게 아웅다웅하며 종말을 향해 달려간다. 하지만 너무 섭섭해 할 필요는 없다. 우리 모두는 영원으로부터 이 땅에 와서 삶을 시작하였고, 이 땅에서의 삶을 끝마친 뒤에는 다시 영원으로 돌아갈 테니 말이다. 쇼펜하우어는 그곳이 밝은 빛으로 가득 찬 또 다른 현실이고 실재라고 믿는다. 만약 그렇다면 그처럼 '밝음과 명료함이 있는 곳'에서 살아가는 것도 정말 멋진 일이 아닐까?

금욕

　　모든 제한은 기쁨을 준다. 아는 얼굴이 많지 않을수록, 만나고 교류하는 사람들이 적을수록 우리는 더 행복해진다. 반대로 교제 범위가 넓을수록 우리는 더욱 빈번히 고통을 당하고 불안에 빠진다. 그와 더불어 근심, 욕망, 충격도 더 커지고 더 늘어난다. 그렇기 때문에 맹인들도 우리가 선험적으로 생각하는 것처럼 그렇게 불행하지 않다. 그들의 얼굴에는 온유하고 거의 쾌활하기까지 한 평온이 서려 있다. 그밖에도 여기에는 인생의 후반부가 전반부보다 대체로 더 비참하다는 사실도 일부 작용한다. 인생을 살아가는 동안 우리가 추구하는 목표와 관계의 지평은 점점 더 넓어진다. 유년시절 이 지평은 가까운 주변과 친밀한 관계에만 국한되지만 벌써 청소년기만 되어도 그보다 훨씬 더 넓은 영역으로 퍼져나간다. 성인이 되면

이 지평은 우리의 인생 전체를 아우르며 아주 관계가 먼 사람이나 국가와 민족에게까지 확장된다. 노년에 이르면 인생의 지평은 이제 다음 세대까지 포괄한다.

반대로 이런 지평을 제한하는 것은 우리의 행복을 촉진시킨다. 이는 정신적인 제한도 마찬가지다. 의지가 덜 흥분할수록 고통도 그만큼 더 적어진다. 우리는 고통만이 실재하며 행복은 허상에 불과함을 잘 알고 있다. 교류하는 범위의 제한은 의지의 외적 흥분 요인을 줄이고, 정신의 제한은 내적 흥분 요인을 줄인다.

우리는 자신이 소유한 것들을, 그것을 잃고 난 뒤의 눈으로 볼 줄 알아야 한다. 재산, 건강, 친구, 연인, 아내, 자식 등 무엇이 되었건 마찬가지다. 우리는 이런 것들을 잃고 난 뒤에야 비로소 그 가치를 절감한다. 그 같은 눈을 얻고 나면 우선 소유물들이 우리에게 더욱 큰 기쁨으로 다가온다. 그 다음으로 우리는 갖은 수를 다 써서 손실을 피하게 된다. 재산을 위험하게 투자하지 않고, 친구에게 섭섭하게 대하지 않으며, 아내의 애정에 시련을 안기지 않고, 자식의 건강을 더욱 세심하게 보살피게 된다. 우리는 흔히 자신이 소유하지 못한 것을 보면서 '저것이 내 것이라면 어떨까?' 라는 생각과 함께 빈곤감을 맛보곤한다. 하지만 그보다는 우리가 소유한 것을 보면서 '저것을 잃는다면 어떨까?'라고 생각하는 것이 마땅하다.

 인생은 뜨거운 불길이 이글거리는 순환궤도와도 같다. 우리는 이 궤도를 끊임없이 달려야 한다. 궤도에는 몇 군데 시원한 지점도 있다. 망상에 사로잡힌 사람들에게는 이런 시원한 지점들이 큰 위안이 된다. 하지만 아무도 그 지점 위에 멈춰 있을 수 없으며 계속 달려야 한다. 따라서 개체화의 원리의 기만을 꿰뚫어보고 물자체의 본성과 전체를 총체적으로 인식하는 사람은 그런 위안을 받아들이지 않는다. 그는 동시에 궤도 위의 모든 지점에서 자신의 존재를 관찰하며 헛된 위안에서 벗어난다.
 그의 의지는 개체에 투영된 자신의 본성을 더 이상 받아들이지 않고, 그것을 부정한다. 이런 부정이 표출되는 방식이 바로 덕성에서 금욕으로의 전환이다. 그는 이제 남들을 자기 자신처럼 사랑하고 자신과 똑같이 남들을 위해서도 행동하는 것으로 만족하지 못한다. 그의 내부에서는 자신의 고유한 개체를 통해서 표현되는 본성에 대한 혐오감이 싹튼다. 그것은 생의 의지에 대한 혐오감이며, 저 비참한 세계의 핵심이자 본질에 대한 혐오감이다. 그는 자신에게서 현상하는, 자신의 몸을 통해서 표현되는 본성을 거부한다. 그는 자신의 개체에 공공연히 대립함으로써 그 거짓됨을 증명한다. 본질적으로 의지의 현상에 불과한 존재로서 그는 이제 무언가를 욕구하는 일 자체를 포기한다. 자신의 의지가 무언가에 집착하지 못하게 금지한다. 매사에 최대한 무심한 태도를 확고히 유지하려고 노력한다.

건강하고 강한 그의 몸은 성기를 통해 성욕을 호소한다. 그러나 그는 이 의지를 거부하고 몸의 거짓됨을 증명한다. 그는 어떤 경우에도 절대로 성적 만족을 원하지 않는다. 자발적이고 완전한 순결은 금욕, 즉 생의 의지에 대한 부정의 첫 걸음이다. 이를 통해서 개체적 삶을 넘어서는 의지의 긍정도 거부된다. 그럼으로써 그는 육신의 삶과 더불어 그 안에서 표출되는 의지도 해체됨을 알린다.

건강과 쾌활

최소한 행복의 9할은 건강에서 나온다. 무엇보다도 건강에 따라 기분의 쾌활함이 좌우된다. 쾌활한 기분이 유지되는 한 우리는 외적 조건이 아무리 나쁘고 적대적이어도 그것을 견뎌낼 수 있다. 반대로 병 때문에 괴롭고 불안한 사람에게는 외적 조건이 아무리 좋아도 인생은 고달프기만 하다. 똑같은 사물이 건강하고 쾌활한 날에 보이는 방식과 아프고 괴로운 날에 보이는 방식을 한 번 비교해보라. 사물은 그것이 실제로 우리의 경험에 어떻게 작용하는가가 아니라 우리가 그것을 어떤 상태에서 받아들이는가에 따라 우리를 행복하게도 불행하게도 만든다. 그러니 건강과 그에 동반된 쾌활함은 다른 모든 것을 대체할 수 있으나 다른 아무 것도 이 둘을 대체할 수는 없다. 결국 건강 없이는 어떤 외적인 행복도 누릴 수 없으며,

이는 아무리 재산이 많아도 불가능한 셈이다. 건강하면 만사가 다 즐거움의 원천이 된다. 건강한 거지가 병든 왕보다 행복하다. 사람들이 만날 때마다 서로의 안부를 묻고 안녕을 기원하는 것도 다 이유가 있다. 모든 행복의 9할이 건강이니 말이다. 따라서 돈벌이, 학문, 명예, 성공, 쾌락 등 무엇이 되었건 이를 위해 자기 건강을 희생시킨다면 최고로 멍청하고 미친 짓이다. 그보다는 모든 것을 그 뒷자리에 두는 것이 마땅하다.

우리가 느끼는 즐거움이나 슬픔의 정도가 언제 어디서나 항상 똑같지 않은 것은 외적인 환경이 바뀌어서라기보다는 내적인 상태, 즉 우리 몸의 컨디션이 달라진 탓이다. 실제로 우리는 아무런 외적인 계기 없이도 – 비록 일시적이지만 – 기분이 즐거워지다 못해 심지어 극도의 희열까지 맛보는 경우가 있다.

거의 모든 사람들의 삶은 이런 식이다. 그들은 무언가를 원하며, 자신이 무엇을 원하는지 안다. 자신이 원하는 것을 얻기 위한 그들의 노력은 딱 절망에 빠지지 않을 만큼 성공을 거두고, 지루해지지 않을 정도의 실패를 안겨준다. 여기서 어떤 가벼움 혹은 여유로움이 생겨나는데, 부나 빈곤도 그 상태를 근본적으로 바꾸지는 못한다. 왜냐하면 부자든 빈자든 사람들이 느끼는 만족은 소유에서 나오는 게 아니라 원하는 것을 얻고자 하는 간절한 바람에서 나오기 때문이다. 그들은 진지하고 심각한 표정으로 바라는 목표를 향해 나아간다. 놀이를 할 때 아이들의 표정도 이와 똑같다.

 이 모든 것들 중에서 우리를 가장 직접적으로 행복하게 해주는 건 마음의 쾌활함이다. 이것은 매순간 자신에게 기쁨을 선사하는 좋은 성품이다. 즐거운 사람은 항상 그럴 만한 이유가 있는데, 그 이유란 그가 그런 성품을 지닌 사람이란 것이다. 이 성품은 다른 모든 좋은 것들을 대체하고도 남는다. 반면에 다른 어떤 것도 이 성품을 완전히 대체하지 못한다. 어떤 사람이 젊고 잘 생기고 부자인데다 사람들의 존경도 받는다고 하자. 그래도 우리는 이 사람이 행복하다고 말하기 위해서는 그가 쾌활한 성격을 지녔는지 여부를 반드시 물어야 한다. 반대로 어떤 사람이 쾌활한 성격을 지녔다면, 젊든 늙었든, 건장한 체구를 지녔든 곱사등이든, 가난하든 부자든 관계없이 그 사람은 행복하다. 소년 시절에 읽은 어떤 고서에 보면 '많이 웃는 자는 행복하고, 많이 우는 자는 불행하다'는 말이 나온다. 아주 단순한 내용이지만 바로 그 단순함 때문에 나는 이 뻔한 진리를 여태껏 기억 속에 담아두고 있다. 이것이 우리가 언제 어디서든 쾌활함을 잃지 않도록 노력해야 하는 이유이다. 삶에서 쾌활함이 적절치 않는 순간이란 없다. 쾌활한 태도를 취하기 위해서 먼저 그럴만한 충분한 이유가 있는지부터 확인하려고 고민하지 말라. 또 우리의 진지한 숙고와 중요한 근심이 그 때문에 방해받으면 어쩌나 하는 걱정도 할 필요 없다. 그런 걱정을 한다고 무엇이 더 나아질지는 극히 불확실하다. 반대로 쾌활함은 직접적인 이득을 준다. 오직 쾌활함만이 현찰로 지불되는 행복이다. 그에 비하면 나머지 모든 것들은 은행어음에 불과하다. 오직 쾌활함만이 직접적으로 현재를 행복하게 해준다. 그것은 현실을 현재로서 소유하는, 두 개의 무한한 시간 (과거와 미래 - 옮긴이) 사이에 낀 순간의 형태로 소유하는 존재가 가질 수 있는 최고의 행복이다. 그러므로 우리는 다른 모든 노력에 앞서 이 행복을 획득하고 추진시켜야 마땅하다.

우리에게 쾌활한 성품을 선사하는 일등공신은 건강이고, 최대의 적은 부다. 노동자나 농민 같은 하층계급에는 쾌활하고 만족스러운 얼굴들이 넘쳐나는 반면 부유한 상층계급에는 온통 찌푸린 얼굴들뿐이다. 따라서 우리는 무엇보다도 높은 수준의 건강 상태를 유지하여 쾌활함을 잃지 않도록 힘써야 한다. 이를 위해서 모든 형태의 과잉과 무절제를 삼가야 한다는 것은 명약관화하다. 또한 마음의 격동과 불쾌를 피하고, 정신을 너무 많이, 너무 지속적으로 피곤하게 만드는 일도 자제해야 한다. 매일 같이 두 시간 정도는 야외에서 신선한 공기를 마시며 운동을 하고, 냉수욕을 많이 하고, 올바른 섭생에 힘써야 한다. 매일 적당한 운동을 하지 않고는 건강을 제대로 유지할 수 없다. 삶의 모든 과정이 원활히 작동하는데 운동은 중요한 일부 이자 곧 전부다.

생명은 곧 운동이다. 생명의 본질은 운동에 있다. 생명체의 내부에서는 빠른 움직임들이 쉼 없이 이루어지고 있다. 심장은 복잡한 수축과 확장을 되풀이하며 지치지 않고 힘차게 박동한다. 심장은 28번의 박동으로 우리 몸속의 혈액 전부를 완전히 한 바퀴 순환시킨다. 폐는 증기기관처럼 쉬지 않고 펌프질을 하고, 장은 끊임없이 벌레처럼 꿈틀거리고, 분비선들은 빨아들이고 분비하기를 그치지 않는다. 심지어는 두뇌도 심장박동과 호흡에 맞추어 이중으로 운동을 한다. 이에 반해서 외적인 운동은 대다수 사람들의 평소 생활방식에서 거의 찾아볼 수 있다. 여기서 내부적 소란과 외부적 고요 사이의 파괴적인 불균형이 생겨난다. 쉬지 않고 작동하는 내부의 운동은 외부의 운동을 통한 지원을 적극적으로 요구한다. 마찬가지로 속에서 어떤 감정이 끓어오르는데 겉으로 아무런 내색을 하지 않을 때도 그 같은 불균형이 발생한다. 나무도 성장하려면 바람이 적당히 흔들어주어야 한다.

내가 보기에 그들이 혼자 있을 때 지루해하는 것은 하나도 이상한 일이 아니다. 그들은 혼자 있으면 웃지도 못한다. 그런 짓은 바보처럼 비쳐지기 때문이다. 그렇다면 웃음은 단지 남들을 위한 신호인가? 낱말처럼 어떤 기호에 불과한가? 그렇지 않다. 정신적 활력과 상상력의 결핍, 이것이 혼자 있을 때 그들에게서 웃음이 사라지는 진짜 이유다. 동물은 혼자 있을 때나 무리지어 있을 때나 전혀 웃지 않는다.

염세주의자였던 미손 (고대 그리스의 7현 중 한 사람 - 옮긴이)이 홀로 웃고 있는 모습을 보고 어떤 사람이 물었다. 왜 혼자있을 때 웃느냐고. 그러자 그는 이렇게 말했다."바로 그래서 웃는 거요!"

웃음과 농담의 반대편에는 진지함이 있다. 진지함은 개념이나 생각이 현상이나 사실과 완전히 일치한다는 의식에서 나온다. 진지한 사람은 자신이 사물을 있는 그대로 사유하며, 사물 또한 그가 사유하는 그대로 존재한다고 확신한다. 그래서 깊은 진지함은 사소한 계기를 통해서도 쉽게 웃음으로 바뀔 수 있다. 진지함 속에 받아들인 일치의 확신은 예기치 않게 드러난 작은 불일치에 의해서도 간단히 - 일치가 완벽해보일수록 그만큼 더 쉽게 - 깨지고 말기 때문이다. 부자연스러운 억지웃음을 잘 웃는 사람은 지적으로나 도덕적으로 속이 차지 못한 사람이다. 이처럼 웃는 방식과 계기도 그 사람의 성격을 드러내 준다. 또 남녀관계는 언제 어디서나 - 보잘것없는 말재주

만으로도 - 사람들을 쉽게 웃길 수 있는 재료다. 사람들은 틈만 나면 음담패설을 지껄이는 것도 그 때문이다. 이는 남녀관계에 아주 깊은 진지함이 깔려 있기 때문에 가능한 일이다.

누가 뭐래도 사람들은 오로지 제 잘난 맛에 살아간다. 아무리 쓸모없는 사람이라도 자기만족은 달콤한 포도주처럼 기쁨을 선사한다. 행복의 가장 큰 적이 고통과 권태라면, 자연은 우리의 성품에 그 적에 맞설 방어수단을 마련하였다. 고통에는 (육체적 고통보다 정신적 고통을 겪는 사람이 훨씬 더 많다) 쾌활함이, 권태에는 정신의 힘이 주어졌다. 하지만 이 둘은 서로 이질적이며, 심할 경우 전혀 서로를 용납하지 않는다. 천재는 항상 우수에 차 있고, 극도로 쾌활한 사람의 정신은 피상적인 수준에 머문다. 다시 말해서 자연이 둘 중 한 가지 방어수단을 더 완벽하게 마련해줄수록 다른 한 가지는 그만큼 더 나빠질 수밖에 없다.

고통과 권태에서 완전히 자유로운 삶은 없다. 그러므로 둘중 자연이 자신에게 가장 나은 방어수단을 마련해준 적을 상대해야 하는 사람은 운이 좋은 셈이다. 고통은 그것을 견딜 쾌활함을 잘 갖춘 사람에게 주어지고, 공허한 권태는 높은 정신을 지닌 사람에게 주어진 경우다. 하지만 그 반대는 곤란하다. 높은 정신은 고통을 배가시키고 다양한 방식으로 그것을 겪는다. 정신이 결여된 쾌활한 심성에 고독과 권태는 견딜 수 없는 괴로움이다.

운명에 고집스럽게 맞서는 스토아주의를 주변에서 찾아보기란 어려운 일이 아니다. 하지만 그 대부분은 냉정함에서 나온다. 스토아주의자들에게는 극심한 영혼의 고통을 받아들이는 감수성과 힘이 결여되어 있다. 이성에서 나오든 무감각에서 나오든 이런 스토아주의는 인생의 고통을 막아주는 훌륭한 갑옷이 되어 현재를 더 잘 견뎌내도록 도와 주는 게 사실이다. 하지만 그것은 마음을 딱딱하게 굳게 만들어 진정한 치유를 방해한다. 그렇게 딱딱한 껍질에 둘러싸여 아무 것도 느낄 수조차 없는 마당에 우리의 마음이 어떻게 고통을 통해 개선되기를 바랄 수 있겠는가? 고통을 통한 개선, 즉 의지의 전환은 우리 주변에서 가장 흔히 찾아볼 수 있는 구원의 방식으로 내가 두 번째 길deutero plous이라고 불렀던 것이다. 그것은 죄인의 길이며, 우리 모두의 길이다. 또 하나의 길은 오로지 인식을 통한 것으로서 성자의 길이며 극히 드문 예외적인 길이다.

이 길은 선택된 자들만이 가는 좁은 길이다. 그러므로 앞의 두 번째 길이 없다면 대부분의 사람들은 구원을 기대할 수 없다. 그러나 우리는 온 힘을 다해 이 두 번째 길을 거부한다. 우리의 목표는 한 뼘의 시간을 적당히 게으른 삶으로 보내는 것이다. 그 삶은 기껏해야 평범하게 끝날 삶이지만 우리에게는 영원한 행복보다 훨씬 더 좋다. 그러나 우리의 인식되지 못한 내부에 자리 잡고서 개개인의 운명을 좌우하는 은밀한 힘은 우리를 위해 더 나은 길을 마련한다. 그 힘은 우리가 가는 길에 겹겹이 가시나무가 자라나게 하고, 우리의 비참한 삶을 치유하는 만병통치약인 고통을 도처에서 우리에게 가한다. 그것은 우리가 어느 방향으로 가든 개의치 않는다. 그래서 인생은 전체적으로 보든 개별적으로 보든 한 편의 비극이다. 영웅은 끊임없는 고통을 겪으며 스스로 정화되고 승화되어 마침내 세계로부터 자신의 의지를 거둔다.

사람들이 그토록 운명이라 부르는 것, 그것은 대부분 그들 자신의 어리석은 행동에 불과하다.

쾌활함보다 확실한 보상을 약속해주는 것은 없다. 그것은 쾌활함이 행위이자 동시에 보상이기 때문이다. 또 쾌활함만큼 다른 모든 좋은 것을 확실하고 풍부하게 대체하는 것도 없다. 쾌활한 사람은 항상 그런 이유가 있다. 그 이유란 바로 그가 쾌활한 사람이라는 사실이다.

유산

죽음을 두렵게 만드는 것이 무無에 대한 표상이라면 우리는 자신이 아직 존재하지 않던 시간도 공포의 전율 속에서 회상해야 할 것이다. 죽음 이후의 무가 삶 이전의 무와 다르지 않다는 것은 무조건 확실하니까. 따라서 죽음이 특별히 더 한탄스러울 이유도 없다. 그런데 나의 탄생 이전에도 영원의 무한한 시간이 펼쳐져 있다면 그 많은 시간 동안 나는 무엇이었을까? 이 지극히 자연스러운 물음에 대한 답은 이렇다. '나는 언제나 나였다' 그 많은 시간 동안 '나'를 말했던 모두는 실제로 나였다. 이 대답을 거부하고 나는 전혀 존재하지 않았다고 가정할 수도 있다. 이 경우 나는 내 죽음 뒤에 펼쳐질 내가 존재하지 않는 무한한 시간에 대한 위안을 내가 존재하지 않던 과거의 무한한 시간을 통해서 찾아야 한다. 영원의 그 이후 영역도 그 이전 영역과 마찬가지로 나의 부재로 인해 특별히 더 나빠지거나 하지 않는다. 둘은 단지 하루살이와 같은 삶의 공간이 그 사이에 있었던 것을 제외하면 서로 전혀 다르지 않기 때문이다. 죽음 이후의 지속에 대한 모든 증거는 그 이전 영역에도 그대로 적용되며, 이를 통해서 생 이전의 존재를 드러낸다. 힌두교와 불교는 일관되게 이런 존재를 가정한다. 시간의 관념성은 이 모든 수수께끼에 대한 해답을 준다. 따라서 죽음의 공포를 만들어내는 것은 표상이나 생각이 아니라 맹목적인 충동, 즉 우리 본성에 내재하는 생의 의지다.

사물의 가시성可視性은 유일하게 이 세상의 순수한 측면이다. 사물에 대한 순수한 표상 안에서 우리는 의지가 자신을 드러내는 특이하고 다양한 형태들을 또렷하게 그리고 의미심장하게 포착한다. 그 모든 것은 너무나 아름다워서 우리는 밝음과 명료함의 장소인 실존적 삶에서 눈을 떼지 못한다. 어쩌면 우리가 죽음을 두려워하는 가장 큰 이유도 그것이 어둠으로 여겨지는 탓일 것이다. 과거에 우리는 그 어둠에서 나왔고, 나중에 다시 그 어둠으로 돌아가리라는 생각. 그러나 나는 죽음이 우리의 두 눈을 닫은 뒤에도 우리가 밝은 빛 속에 있으리라고 믿는다. 그 빛의 밝음에 비하면 태양빛은 그림자에 불과하다.

에필로그

 …그리고 우리는 의지의 격렬한 갈망에서 해방되고 대지의 무거운 기운에서 벗어나는 이런 순간이 우리에게 주어진 가장 축복의 순간임을 안다. 이때 우리는 한 인간의 삶이 얼마나 복된 것인지를 느낀다. 그의 의지는 아름다움을 만끽할 때처럼 일순간이 아니라 항시적이고 지속적으로 활동을 멈춘다. 몸을 유지하고 몸과 더불어 소멸하는 마지막 불꽃을 제외하고는 완전히 꺼져버린다. 자신의 본성과 수많은 힘겨운 싸움을 벌인 뒤에 마침내 그것을 완전히 극복한 사람은 이제 오직 순수하게 인식하는 존재이며, 세계의 맑고 투명한 거울이 된다. 더 이상 아무 것도 그를 불안하게 만들지 못하며, 아무 것도 그의 감정을 뒤흔들지 못한다. 그는 우리를 이 세상에 묶어 놓은 수많은 욕망의 실타래들을 끊어버렸기 때문이다. 그치지

않는 고통 속에 우리를 갈기갈기 찢어놓는 공포, 갈망, 질시, 분노 따위에서 벗어났기 때문이다. 그는 이제 평온하고 미소 띤 눈빛으로 세상의 온갖 환영과 허상들을 되돌아본다. 한 때 그의 마음을 그토록 뒤흔들고 고통스럽게 만들었던 그 세계를 이제 무심하게 바라본다. 경기가 끝난 뒤에 장기판의 말들을 다시 보듯이, 아침에 일어나 어제 그토록 우리를 흥분시켰던 가장무도회의 의상을 바라보듯이. 인생은, 그리고 인생의 여러 형상들은 이제 잠시 나타났다 사라지는 덧없는 현상으로서 그의 눈앞에 떠다닌다. 선잠 속에 꾼 새벽꿈처럼 그것들은 더 이상 사실인양 그를 속이지 못한다. 그리고 마침내 새벽꿈에서 깨어나듯이 아주 평온하고 자연스럽게 이 세상에서 사라진다.